Christian Flittner

Anmuth und Schönheit aus den Misterien der Natur und Kunst

Für ledige und verheiratete Frauenzimmer

Christian Flittner

Anmuth und Schönheit aus den Misterien der Natur und Kunst
Für ledige und verheiratete Frauenzimmer

ISBN/EAN: 9783743470958

Hergestellt in Europa, USA, Kanada, Australien, Japan

Cover: Foto ©ninafisch / pixelio.de

Weitere Bücher finden Sie auf **www.hansebooks.com**

Anmuth und Schönheit

aus

den Misterien der Natur und Kunst

für ledige und verheirathete Frauenzimmer.

mit Kupfern.

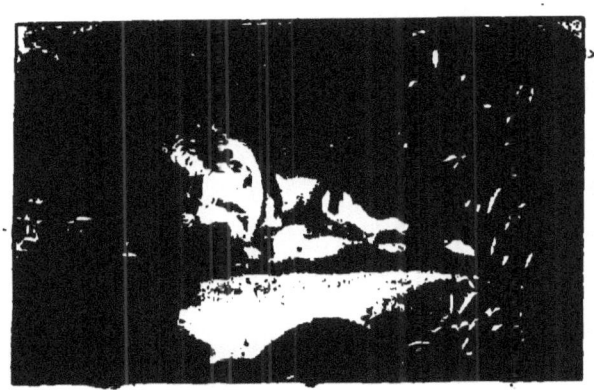

Berlin, 1797.
bey Oehmigke dem Jüngern.

Anmuth und Schönheit

aus

den Misterien der Natur und Kunst

für

ledige und verheirathete Frauenzimmer.

Zur
Apologie
der
weiblichen Geschmacksbildung.

Man sagt ihnen nach, meine Damen, daß Sie sehr geneigt sind, Ihren Geschmack für Schönheit zu überfeinern, daß sich besonders Ihre Phantasie Ideale von männlicher Schönheit schafft, die die Natur nie oder äußerst selten hervorbringt, daß Sie sich dann in der peinlichsten Verlegenheit befinden, wenn ein junger Mann um Ihre Hand wirbt, weil Sie sich nicht von dem süßen Wahne trennen können, die schöne Traumgestalt werde Ihnen endlich einmal in der Wirklichkeit entgegen schweben; ja man will so gar wissen, daß welche unter Ihnen den gethanen Schritt, als den Verlust ihrer Freiheit, ihres ganzen Glücks beweint und mit gramvollen Herzen bereut haben. —

Da hätte ich dann sehr Unrecht, Ihnen ein Buch zu überreichen, welches zu Verfeinerung Ihres zarten Sinns für Schönheit an menschlichen Formen und Zügen bestimmt ist, ich hätte vielmehr besser daran gethan, der Verfeinerung dieses Sinn's grade entgegen gearbeitet zu haben! —

Aber gewiß, man irrt gewaltig, wenn man solche Urtheile auf Rechnung ihres gebildeten Geschmacks gründet; ich bin vielmehr von der Gerechtigkeit des Tadels überzeugt, daß in unserm Zeitalter die Bildung des G ſchmacks überhaupt noch immer zu ſehr entwürdigt, und bei unſerer Erziehung, nicht ohne Schaden, zu nachläßig behandelt wird.

Wenn der Menſch mit ſich ſelbſt eins ſeyn, oder doch wenigſtens dem Ideale nachſtreben ſoll, die innigſte Uebereinſtimmung ſeiner beiden Naturen zu ſtiften, ſo müſſen auch alle ſeine weſentlichen Anlagen eine gleichmäßige harmoniſche Ausbildung empfangen. Nun iſt aber der Menſch nicht blos ein denkendes und wollendes, ſondern auch ein empfindendes Weſen, er iſt da, auch durch ſinnliche Freuden die Summe ſeines Wohlſeyns zu vermehren, durch ihre Verbindung mit den Freuden höherer Art eine deſto angenehmere Miſchung im Genuſſe ſeines Daſeyns hervorzubringen.

Das Menſchengeſchlecht, und unter dieſem vorzüglich deſſen ſchönere Hälfte, muß alſo auch von Seiten ſeiner Sinnlichkeit für das Moralische vorbereitet und gewonnen werden, und wie ist dies möglich, wenn nicht der Geschmack, die Gefühle des Schicklichen, des Schönen, Edlen, Erhabenen, in der Natur und Kunst, ausgebildet werden? —

Wenn es Fälle giebt, daß sich Mädchen einer übertriebenen Delikatesse für schöne männliche Formen überlassen, so liegt der Grund davon gewiß nie in der Geschmacksbildung, sondern grade in dem Mangel derselben, in der ungebildeten gröberen ästhetischen Reizbarkeit, die so leicht durch Lektüre überspannt werden kann: und da die Natur, durch körperliche Schönheit den Endzweck der Geschlechtsliebe so mächtig verfolgt, so sind auf einer andern Seite diejenigen Frauenzimmer, die ihr Schönheitsgefühl gar nicht veredelt haben, der Gefahr am meisten ausgesetzt, die wahre Schönheit mit den Empfindungen der gröberen Sinne zu verwechseln,

Die Gefühle des ästhetisch und des sittlich Schönen sind beide so genau verwandt, daß man nie fürchten darf, der Geschmack gewinne auf Kosten des Herzens.

Wie weise handelte nicht die Natur, da Sie Ihnen, meine Damen, jenen herrschenden Sinn für Schönheit der Formen gab, welcher zur Erhaltung und Ausbildung der zarten Sprossen der Menschheit so wohlthätig mitwirkt, wer wollte sich wohl erkühnen, diese schöne Anlage Ihres Karakters zu unterdrücken? —

Ich bin überzeugt, daß je reiner und zarter Ihre Seele das Schöne auffaßt, um so edler wird auch Ihr moralisches Gefühl seyn, und um so weniger werden Sie sich einer übertriebenen Delikatesse in der Wahl Ihrer Gatten überlassen.

Wenn Sie, meine Schönen, Ihre Vernunft eben so ausgebildet haben, als Ihren

Geschmack, wenn Sie sich feste und aufgeklärte Begriffe über diejenigen Eigenschaften erworben haben, welche den wahren Werth eines Mannes bestimmen, so mögen Sie immer der Schönheit eines Apolls huldigen, es wird Ihnen doch nicht schwer werden, das Glück Ihres Lebens in der Verbindung mit einem edlen Menschen zu suchen, der kein Apoll ist. Die Forderung, daß Sie vor einen Tersit nicht zurückschaudern sollten, und wenn er ein Engel von Geist wäre, würde eine Unmenschlichkeit von der ersten Größe seyn. —

Inhalt.

Erster Theil.

	Seite
In welchem das Wesen der Schönheit und Anmuth in der weiblichen Gestalt entwickelt wird.	1
Schönheit ist das Werk der Naturnothwendigkeit, Anmuth die Erscheinung der Freiheit.	13
Welche Bewegungen sind der Anmuth fähig.	20
Ueber den Ausdruck in der männlichen und weiblichen Form.	34
Das schönste Weib.	37
Zeichnung der griechischen Schönheit.	43
Welcher Ausdruck von Geist kann in der Gesichtsbildung des schönen Weibes liegen ohne die Wirkung der Schönheit aufzuheben oder zu stören.	48
Die Schönheit des Mannes.	53

	Seite
Welche Art des Ausdrucks von Geist in der Gesichtsbildung des schönen Mannes droht der Schönheit am wenigsten Gefahr.	58
Die innern und äußern Fehler, welche die weibliche Schönheit zerstören.	78
Das unverdorbene Mädchen der Natur.	83
Woher ward dem Mädchen, dem Weibe der hohe Adel der Schönheit?	87
Die vorzüglichsten Mittel weibliche Schönheit in ihrer erhöheten Vollkommenheit darzustellen.	90

Zweiter Theil.

Von den Mitteln, die körperliche Schönheit zu erhalten und zu erhöhen.	
Allgemeinheit des Verschönerungstriebes im weiblichen Geschlechte.	105
Verschönerungstrieb bei den Weibern der rohen Völker.	107
Allgemeine Mittel Gesundheit und Schönheit zu erhalten.	119
Besondere Schönheitsmittel.	131
Schädliche Schönheitsmittel.	133

	Seite.
Unschädliche Verschönerungsmittel.	145
Italiänische Masken.	—
Waschen, gelindes Reiben des Gesichts.	148
Verbesserung einer schlaffen und blassen Haut.	151
— — gelben Gesichtsfarbe.	152
— — rauhen und spröden Haut	153
— — einer sehr rothen Gesichtsfarbe	155
— — braunrothen.	156
Verhütung des Aufspringens der Haut, Mittel, sich auf Reisen vor die Sonne zu schützen.	158
Mittel wider die Sommersprossen.	159
— — gelben Hautflecke.	162
— — schwarze —	
— — Flecken vom Fallen und Stoßen.	164
Mittel bei einer von der Sonne braun gewordenen Haut.	—
Mittel wider die rothen Flecken.	165
— — Finnen.	—
— — rothen Flecken vom Insektenstich.	166
Mittel die Warzen zu vertreiben.	167
— — Flecken nach den Pocken.	172
— — Pockengrüben zu vertreiben.	174
Mittel wider das Ausschlagen der Ecken des Mundes.	—
— zur Beförderung des Wachsens der Augenbraunen.	176

	Seite.
— — — der Haare an den Augenliedern.	177
— — — des Hauptgaares.	—
Mittel die Haare ohne Brennen kraus und lockig zu machen.	182
— — — zu vertreiben.	—
— die Röthe der Haare zu vertreiben.	183
Das beste Augenmittel.	—
Mittel zur Verbesserung der Zähne und des Zahnfleisches.	184
Mittel zur Beförderung der Weiße des Halses.	189
— die Hände weiß und weich zu machen.	—
— Die hierzu dienlichen Handschuh zu bereiten.	191
— die Nägel an den Fingern zu verschönern.	193
Ueber die weibliche Verschönerung durch Kleidung.	195
Der Kopfputz.	196
Die Schnürbrust.	199
Das Busentuch.	204
Der übertriebene Putz.	206
Das Trauerkleid.	207
Allgemeine Toilettenregel.	209
Die Farben des Gewands.	213
Zuschnitt und Falten.	214
Wahl der Farben.	215
Allgemeine Regeln des Putzes.	222
Neueste Kleidung der Pariserinnen.	225

Erster

Erster Theil.

In welchem das Wesen der Schönheit und Anmuth, vorzüglich in der weiblichen Gestalt, entwickelt wird.

Einleitung.

Als die bildende Natur ihre Werke vollbracht und alle Formen erschöpft hatte, die auf dieser Erde möglich waren, stand sie still und übersann ihre Schöpfung; und als sie sah, daß bei ihnen allen, der Erde noch ihr vornehmster Schmuck fehlte, da ging sie mit sich zu Rathe, drängte die Gestalten zusammen und formte aus allen ihr Hauptgebilde, die menschliche Schönheit.

So finden wir denn auch in diesem heiligen Kunstwerke der Natur keinen Zug, von dem sich nicht in dem weiten Schöpfungskreise der Thierwelt hie und da etwas Gleichförmiges fände; alle Formen der Thierbildung scheinen sich in der erhabenen Göttergestalt des Menschen, als in ihrer Vollendung, gleichsam zu verlieren. Es ist daher keine leere Anmaßung, kein eitler Stolz, wenn der Mensch sich den Vorzug der Schönheit vor allen geschaffenen Wesen der Erde zueignet. —

Es läßt sich ein Ideal, ein Maximum, ein höchstes Muster der Schönheit, denken — aber nur von einem Objekte, von dessen innern Zwecken wir einen bestimmten Begriff haben; nur der Mensch ist ein solcher Gegenstand, er allein ist mithin nur eines Ideals der Schönheit, so wie die Menschheit in seiner Person, des Ideals der Vollkommenheit, unter allen Gegenständen in der Welt, fähig. —

Das Darstellen eines Ideals der Schönheit ist das Werk unserer Einbildungskraft; indem sie aus allen ihr in der Erfahrung bekannt gewordenen Anschauungen, nach der Idee der Zweckmäßigkeit der Menschenbildung, ein Ganzes zusammensetzt, schafft sie eine Idealschönheit, die die Natur zum Urbilde ihrer Erzeugung in der Menschengattung unterlegte, nie aber in einem Einzelnen zu erreichen vermag, — obgleich ihre plastischen Kräfte überall, und da am glücklichsten auf das Hervorbringen eines solchen Ideals hinwirken, wo ihr Bildungsgeschäft von keinem feindlichen Einflusse gestört, vielmehr von allen der Humanität überhaupt günstigen Umständen, unterstützt wird.

Einem solchen Ideale nähern sich die Kunstprodukte der Griechen. Denn indem sie die feinsten und edelsten Verhältnisse, welche nur in der Gattung vorkommen, individualisirten, gelang es ihnen, den Marmor und die Metalle zu einer die Natur selbst übertreffenden Schönheit, zu beleben. —

Man würde sehr irren, Schönheit für den Antheil irgend eines begünstigten Menschenstamms zu halten. In jedem Klima, in jeder Menschenvarietät, so wie in jedem Geschlechte und Alter, nimmt sie zwar einen eigenthümlichen Karakter an; aber je geringere Schwierigkeiten die bildenden Kräfte der Natur zu bekämpfen haben, je günstiger die äußern Umstände in einem Lande sind, unter welchen sie wirken können, desto größer muß die Anzahl und Vollkommenheit schöner Menschengestalten seyn.

Die Griechen wurden von dem mildesten Himmel begünstigt, und die körperlichen und geistigen Stimmungen seines Einflusses durch nichts beeinträchtiget, vielmehr durch alles unterstützt.

Voller Genuß bürgerlicher Freiheit, selbst unter dem Scepter eines Herrschers, unterdrückte keine Aeußerung des griechischen Geistes, öffnete ihren ästhetischen Sinn den leisesten Eindrücken der schönen Natur, gab ihnen alle Gelegenheit, die Formen und Kräfte ihres Körpers in den öffentlichen Spielen und Wettstreiten zu entwickeln; ihre Religion zeigte ihnen die Gottheiten unter den schönsten Formen, gab ihrer Einbildungskraft einen höheren Flug, und hob die Kunst der Nachahmung auf jene staunende Höhe.

Der übersinnliche Ausdruck dieser Anlagen, dieser Sitten, dieser Stimmungen des Körpers und des Geistes einer solchen Nation, drückt sich allmählig in ihrem organischen Gebilde aus; ja, so unmöglich es ist, die Natur in ihrer geheimnißvollen Werkstätte je zu belauschen, so möchte es doch nicht zu viel gewagt seyn, dem Schönheitssinn schon allein bei dem Bildungsgeschäfte einen wichtigen Einfluß auf Wohlgestalt zuzueignen. —

Unter jedem Himmelsstriche, — etwa die beiden Extreme ausgenommen in der schwarzen, wie in der weißen, in der rothen, wie in der olivenbraunen Menschengattung, giebt es vorzügliche Bildungen.

In Europa zeichnen sich mit ihren Brüdern in Vorderasien die Griechen, die Maltheser u. a. aus; unter den Tatarn und Mongolen die Tungusen, die Japanesen, die Malabaren, und weiterhin die glücklichen Bewohner der Südsee-Inseln; unter den Negern die Habessinier, die Foulier und Jaloffer unter den Völkern am Senegastrom; unter den Kaffern die Einwohner von Safala und Monomotapa; unter den Amerikanern die so genannten schönen Menschen, die Appalachiten, die Guianer, die Patagonen.

Wenn man in den bedauernswürdigen Kretins Beweise vor Augen sieht, wie sehr die schönste Menschheit unter den überwältigenden Einflusse äußerer Umstände von Generation zu Generation immer mehr und mehr ausarten kann, so ist auch nicht zu zweifeln, daß die so genannten häßlichen Nationen, durch günstigere Umstände, durch Verbesserung des Klimas, durch Civilisirung, durch mannigfachern und freiern Lebensgenuß, durch Kreuzung mit andern Racen, wieder veredelt und verschönert werden können.

Schönheit schenkt die Natur überall, wo sie in ihrem Mechanism frei und ungestört wirken kann; sie ist die zarte Frucht eines glücklichen Zusammenflusses begünstigender Umstände; sie ist also kein neidisches Privilegium irgend eines besondern Menschenstamms, sondern ein der ganzen Menschheit zukommendes Attribut. —

Wenn aber das in unserm Geschmackssinn aufgezeichnete Ideal schöner Formen, das uns zum Princip ihrer Beurtheilung dient, seine Elemente aus der Erfahrung hernehmen muß, so ist begreiflich, warum das Ideal schöner Gestalten bloß auf die Länder paßt, in welchen die Vergleichung angestellt wird. Der Neger muß also nothwendig ein anderes Ideal der Schönheit als ein Weißer, der Sinese ein anderes als der Europäer, haben.

Der Indier schleift seine schöne von Natur weiße Zähne ab, damit sie den schwarzen Ueberzug desto besser annehmen, er dehnt seine Ohren, die in Europa nicht zu klein seyn können, so sehr aus, daß sie mit den herabhängenden Läppchen auf den Schultern ruhen. —

Die dickbäuchigen Sinesen mit ihren breiten Gesichtern und kleinen fast verschlossenen Augen, ihre mageren Weiber mit den kleinsten Füßen, sind, nach ihrem Geschmacke, die ersten Schönheitsmuster in der Welt.

Man werfe einen Blick auf physische Beschaffenheit des Landes, auf Sitten, Lebensart, Verfassung und Kultur dieser und vieler andern Völker, und man wird den befriedigendsten Aufschluß über ihre ungereimte und widersprechende Vorstellungen von Schönheit der Formen finden.

Wir tadeln mit Recht das Schönheitsgefühl aller ungebildeten Völker, indem wir zur Beurtheilung der menschlichen Schönheit, als eines Syſtems der Naturzwecke, wie ſie ſich unter einander zu einem oberſten Endzweck vereinigen, eine geübte und verfeinerte Einbildungskraft, und einen mit den Zwecken der Menſchheit vertrauten Verſtand, als unnachläßliche Bedindung erfordern.

Durch das wechſelſeitig unterſtützende Bemühen dieſer beiden Kräfte, die Urſachen und Beſtandtheile der Schönheit des Baues der techniſchen Vollkommenheit im Menſchen zu zergliedern, ſind nun viele richtige und ſcharfſinnige Bemerkungen über die feinen Verhältniſſe, die ſanften Umriſſe, die ſüße Harmonie des Mannigfaltigen zur leicht überſehbaren Einheit, veranlaßt worden.

Nichts deſto weniger iſt man einſtimmig, daß das, was der Menſchheit jenes hohe unnenbare Intereſſe verſchafft, nur allein in dem Seelenausdrucke geſucht werden muß. Dieſer geiſtige Abglanz im Körper ſtellt gleichſam beyde Welten in Harmonie da, und erzeugt eine mittlere Gattung zwiſchen ſinnli=

chen und Vernunftgefühlen, in welchen das Angenehme von jenen, mit dem Geistigen von diesem, ästhetisch verbunden erscheint.

Je deutlicher sich also jene erhabene Geistesanlagen, Adel und Güte im Blick und in der Miene, der Stellung, der Bewegung, der Haltung des Körpers, im Ton der Sprache und selbst in jenem bedeutungsvollen Schweigen, welches oft beredter, als alle Sprache ist, offenbaren, desto unwiderstehbarer werden unsere Blicke angezogen, desto unersättlicher versenkt die Seele sich in der Anschauung des Schönen.

Aus diesem Grunde ist denn besonders das menschliche Angesicht ein Gegenstand des Wohlgefallens, weil sich auf demselben nicht allein der bleibende Karakter auszeichnet, sondern auch jede augenblickliche Veränderung, welche die Seele nur leise berührt, karakterisirt.

Der Seelenausdruck auf dem Gesicht bringt dasjenige hervor, was man Physiognomie nennt, die man aber sorgfältig von der Gesichtsbildung zu unterscheiden hat; letztere ist das Werk der Natur, jene der vorübergehende augenblickliche Ausdruck, welchen der jedesmalige Seelenzustand in der ganzen Harmonie der sämmtlichen Gesichtszüge hervorbringt.

Die Physiognomie besteht also in einer Bestimmung aller Theile durch jeden, folglich in einer nicht zu definirenden individuellen Determination.

Es hat mithin jeder Mensch seine eigene Physiognomie, seine eigene Verwebung des Ganzen, die den körperlichen Ausdruck der Seele ausmacht; die Bedeutung der Theile muß mithin aus dem Ganzen und nicht das Ganze aus einzelnen abgerissenen Theilen erklärt werden; mithin ist die Physiognomik eben so vielfach als es individuelle Menschengeschlechter giebt; jeder Mensch bedarf einer eigenen Physiognomik, indem die Bedeutsamkeit mehrerer Theile durch einen einzigen verändert werden kann.

Die Physiognomie auf allgemeine Regeln zurückführen, d. h. eine Physiognomik begründen wollen, ist daher eine Idee, die nur in einem schwärmerischen Kopfe Platz finden kann.

Schönheit ist das Werk der Naturnothwendigkeit, Anmuth die Erscheinung der Freiheit.

Ein glückliches Verhältniß der Glieder, fließende Umrisse, ein lieblicher Teint, eine zarte Haut, ein feiner und freier Wuchs, eine wohlklingende Stimme, sind Vorzüge, die wir allein der Natur und dem Glück zu verdanken haben; der Natur, daß sie die plastischen Kräfte, die Anlage dazu hergab und selbst entwickelte; dem Glück, welches das Bildungsgeschäft der Natur von jeder Einwirkung feindlicher Kräfte beschützte.

Wir nennen eine solche Schönheit, Schönheit des Baues, oder architektonische Schönheit und unterscheiden sie von der humanen Schönheit, die durch die Einwirkung eines empfindenden Geistes in die äußere Formen und Bewegungen des Körpers, hervorgebracht wird, und die überhaupt in den sichtbaren Ausdruck sittlicher Ideen besteht, die den Menschen innerlich beherrschen.

Wir sehen oft den schönsten Bau eines Menschen, die vollkommen regelmäßigsten Gesichter, mit kaltem Wohlgefallen an, weil wir keinen Ausdruck von Karakter darin finden, weil uns in demselben nur die Idee der Menschengattung, nicht das Specifische einer Person, erscheint.

Und gemeiniglich sind jene ganz regelmäßige Gesichter im Innern eben so leer als es ihre äußere Flachheit verkündet. Dürften wir der Natur im physischen und geistigen ein gleichförmiges Wirken zuschreiben, so könnten wir diese Erscheinung erklären, und wir dürften alsdann in einem Menschen von Genie, weil in demselben die Natur von

ihren gewöhnlichen Verhältnissen der Geistes-
kräfte zum Vortheil einer einzigen abzugehen
scheint, keine ganz regelmäßige Bildung der
äußern Formen erwarten.

Wir danken es zwar der Natur wenig,
wenn sie uns solch eine todte Schönheit zeigt,
aber wir sind ungerecht, ihr allein die Schuld
beizumessen. Freylich schenkt sie nicht jedem
ihrer Geschöpfe ein gleiches Maaß von geisti-
gem Leben; aber so gering dieses auch seyn
mag, so ist es doch nie so kärglich, daß es
die todte Masse nicht durchdringen könnte.

Das geistige Leben im Innern zu entwickeln und bis in die äußern Formen fort-
zupflanzen, mußte der freien Thätigkeit des
Menschen überlassen bleiben, wenn er auf die
über alle geschaffene Wesen erhabene Stufe
einer Intelligenz Anspruch machen sollte.

Indem nun die Natur ihr Regiment zwischen Nothwendigkeit und Freiheit theilte, hat
sie solches mit keiner fremden feindlichen
Macht getheilt; obgleich die Veränderungen,
welche sie unter der Herrschaft des Geistes
erleidet, nicht mehr aus ihren Gesetzen

erfolgen, so erfolgen sie doch nach keinen andern als ihren eigenen Gesetzen.

Von dem Geiste hängt es zwar ab, welchen Gebrauch er von den ihm anvertrauten Rechten über die sinnlichen Formen und Werkzeuge machen will; aber er ist an ein Gesetz gebunden, welches er nie ungestraft übertreten kann, und dieses Gesetz ist das in der ganzen Natur herrschende Gesetz der Harmonie und Einheit.

Die Vernunft macht die unnachläßliche Forderung an den Menschen, eine innige Uebereinstimmung zwischen seinen beiden Naturen, seiner sinnlichen und geistigen, zu stiften, immer ein harmonirendes Ganze zu seyn, und mit seiner ganzen vollstimmigen Menschheit zu handeln. Obgleich der Mensch dieses Ideal, welches das Sittliche und Schöne zugleich in sich schließt, nie erreichen wird, so bleibt es doch eine ewige Aufgabe für ihn, nach diesem Ziele der Vollendung unabläßig zu streben.

Indem also der Geist sich in die Schöpfung der Natur mischt und es auf sich nimmt, das Spiel der Erscheinungen von der

Art

Art seines Empfindens und Wollens abhängig zu machen, so kann er das Gleichgewicht zwischen beiden Naturen nicht aufheben, ohne sich an jenem Gesetz der Einheit und Harmonie zu versündigen, das er sich selbst giebt und das in den ewigen Formen des Verstandes gegründet ist.

Indem nun die Vernunft diese Forderung in den sinnlichen Erscheinungen erfüllt sieht, indem sie nämlich willkührliche Bewegungen am Menschen wahrnimmt, die nicht der Sinnlichkeit allein, sondern auch einem moralisch empfindenden Geiste angehören, erwacht durch dieses überraschende Uebereinstimmen beider Naturen das Gefühl der Anmuth.

Anmuth und Grazie ist also der schöne Ausdruck der Seele in den willkührlichen Bewegungen, in Bewegungen, die zugleich einer Empfindung entsprechen; sie ist eine Schönheit, die nicht von der Natur gegeben, sondern von der Person selbst, als einer Intelligenz, d. h. unter dem Einfluß der Freiheit hervorgebracht wird.

Die Natur giebt die architektonische Schönheit, die Seele die humane; jene macht dem Urheber der Natur, diese ihrem Besitzer Ehre.

Die architektonische Schönheit kann Wohlgefallen, Bewunderung, Erstaunen erregen; Anmuth hingegen ist auflösend für den Sinn und zugleich belebend und beschäftigend für die Seele; sie erregt daher das von ihr unzertrennliche Gefühl des Wohlwollens oder der Liebe — sie reißt hin.

Die Schönheit hat Anbeter, Liebhaber nur die Grazie; denn wir huldigen dem Schöpfer und lieben den Menschen. —

Das zarte reizbare ästhetische Gefühl der alles personificirenden Griechen unterscheidet schon Anmuth und Grazie von der Schönheit. Bald geben sie der Göttinn der Schönheit die Grazien zur Begleitung, bald legen sie ihr einen Gürtel bei, der die Kraft besitzt, dem, der ihn trägt, Anmuth zu verleihen und Liebe zu erwerben.

Aglaia, Thalia, Euphrosine, d. i. lauter Einklang, frische Jugend, lebendiger Frohsinn, wovon die drei Huldgöttinnen, die

Orpheus in seiner Begeisterung als die preißlichen, herrlichen, hehren Töchter des Zevs, und der tiefgegürteten Eurynome so treflich besingt.

Sie wurden zwar als die Gespielinnen des schönen Geschlechts vorgestellt, doch können sie auch dem Manne gewogen werden, und die Griechen empfahlen daher demjenigen, dem bei allen übrigen Geistesvorzügen die Anmuth, das Gefällige, fehlte, den Grazien zu opfern.

Wenn Juno, die hohe Götterköniginn, den Jupiter auf Jda bezaubern will, muß sie sich erst den Gürtel des Liebreizes von der Venus entlehnen. Hoheit also, selbst wenn ein gewisser Grad von Schönheit sie schmückt, ist ohne Anmuth nicht sicher zu gefallen.

Alle Anmuth ist schön, aber nicht alles Schöne ist Anmuth. Schönheit kann zwar ohne Anmuth bestehen, aber nur durch sie allein kann sie ein Gegenstand der Neigung werden. —

Um in ein helleres Licht zu ſetzen, wie ſich Anmuth und Grazie offenbaren, müſſen wir einige Augenblicke bei der Frage verweilen:

Welche Bewegungen ſind eigentlich der Anmuth fähig?

Wenn ich eine vorgeſtellte Wirkung in der Sinnenwelt realiſiren will, ſo iſt meine Bewegung **willkührlich** oder abgezweckt; erfolgt ſolche aber, ohne den Willen meiner Perſon, blos auf Veranlaſſung einer Empfindung, ſo iſt meine Bewegung **ſympathetiſch** oder unwillkührlich, unabgezweckt.

Man merke hier wohl auf das Kriterium, **ohne den Willen meiner Perſon**; denn das ſinnliche Gefühlvermögen, und der Naturtrieb beſtimmen mancherlei Bewegungen, woran meine Perſon keinen Theil hat, ſie heißen deswegen aber nicht ſympathetiſch. Unter ſympathetiſchen Bewegungen werden hier diejenigen verſtanden, welche der moralischen Empfindung unwillkührlich zur Begleitung dienen.

Selten sind die abgezweckten Bewegungen ohne sympathetische, weil der Wille als die Ursach von jenen sich nach moralischen Empfindungen bestimmt, aus welchen diese entspringen. Indem eine Person spricht, sehen wir zugleich ihre Blicke, ihre Gesichtszüge, ihre Hände, ja oft den ganzen Körper mit sprechen, und der mimische Theil der Unterhaltung wird nicht selten für den beredtsten geachtet.

Aber auch selbst eine abgezweckte Bewegung kann zugleich als eine sympathetische anzusehen seyn, und dies geschieht alsdenn, wenn sich etwas Unwillkührliches in das Willkührliche derselben mit einmischt.

Wenn ich nämlich eine willkührliche Bewegung vollziehen will, so werde ich durch ihren Zweck nicht genau bestimmt, auf welche Art und Weise ich sie verrichten soll. Dasjenige nun, was durch den Willen oder den Zweck dabei unbestimmt gelassen ist, kann durch meinen persönlichen Empfindungszustand, sympathetisch bestimmt werden, und also zu einem Ausdruck desselben dienen.

Indem ich meinen Arm ausstrecke, um einen Gegenstand in Empfang zu nehmen, so führe ich einen Zweck aus, und die Bewegung, die ich mache, wird durch die Absicht, die ich damit erreichen will, vorgeschrieben.

Aber auf welchem Wege ich meinen Arm zu dem Gegenstand führen, und wie weit ich meinen übrigen Körper will nachfolgen lassen — wie geschwind oder langsam; und mit wie viel oder wenig Kraftaufwand ich die Bewegung verrichten will, in diese genaue Berechnung lasse ich mich in diesem Augenblick nicht ein, und der Natur in mir wird also hier etwas anheim gestellt.

Auf irgend eine Art und Weise muß aber doch dieses durch den bloßen Zweck nicht bestimmte, entschieden werden, und hier also kann meine Art zu empfinden den Ausschlag geben, und durch den Ton, den sie annimmt, die Art und Weise der Bewegung bestimmen.

Der Antheil nun, den der Empfindungszustand der Person an einer willkührlichen

Bewegung hat, ist das Unwillkührliche an derselben, ist eben das, worinn man die Grazie zu suchen hat.

Eine **willkührliche** Bewegung, wenn sie sich nicht zugleich mit einer sympathetischen, oder was eben so viel sagt, mit etwas **Unwillkührlichen**, das im moralischen Empfindungszustand der Person seinen Grund hat, vermischet, kann niemals Grazie zeigen.

Die willkührliche Bewegung erfolgt auf eine Handlung des Gemüths, welche also vergangen ist, wenn die Bewegung geschieht; die sympathetische Bewegung hingegen begleitet die Handlung des Gemüths und den Empfindungszustand desselben, durch den es zu dieser Handlung vermocht wird.

Da also die willkührliche Bewegung nicht von der Gesinnung der Person unmittelbar ausfließt, so ist sie auch keine Darstellung derselben; die sympathetische oder begleitende Bewegung hingegen ist nothwendig mit der Gesinnung verbunden.

Daher wird man aus den Reden eines Menschen zwar abnehmen können, für was er will gehalten seyn, aber das, was er

B 4

wirklich ist, muß man aus dem mimischen Vortrage seiner Worte und aus seinen Gebährden, also aus Bewegungen, die er nicht will, zu errathen suchen.

Entdeckt man aber, daß ein Mensch auch seine Gesichtszüge wollen kann, so traut man ihm von diesem Augenblicke an nicht mehr, und läßt jene auch nicht mehr für einen Ausdruck seiner Gesinnungen gelten.

Mag es immerhin möglich seyn, Anmuth und Grazie durch Kunst und Studium nachzuahmen, aus irgend einem Zuge blickt doch endlich der Zwang und die Absicht hervor, und plötzlich schließt sich unser Herz, das der natürlichen Anmuth so wohlwollend entgegen wallt. —

Grazie muß jederzeit Natur, d. i. unwillkührlich seyn, wenigstens so scheinen und die Person darf nie so aussehen, als wenn sie um ihre Anmuth wüßte.

Die mehresten Fälle, in welchen sich die Grazie offenbaret, sind aus dem Gebiete der willkührlichen Bewegungen. Man fordert Anmuth von der Rede und vom Gesange, von dem willkührlichen Spiele der Augen und des Mundes, von den Bewegungen der Hände und der Arme bei jedem freien Gebrauch derselben, von dem Gange, von der Haltung des Körpers und der Stellung, von dem ganzen Bezeugen eines Menschen, in so fern es in seiner Gewalt ist.

Die Vernunft fordert von dem Menschen eine **sprechende Bildung**, d. i., sie fordert, daß der Mensch, als Intelligenz, Spuren von seiner Geistesthätigkeit in seiner moralischen Empfindungsart in seiner Gestalt aufweise. Die Sinnlichkeit fordert **architektonische Schönheit**. Das ästhetische Gefühl wendet sich mit seiner Forderung an beide, und macht **Leichtigkeit** der Empfindungen in den schönen Formen zur unnachläßlichen Bedingung der Anmuth und Schönheit.

Die Empfindungen können sich nämlich in dem Menschen auf eine dreifache Art ausdrücken. Er unterwirft entweder die Forderungen der Sinnlichkeit dem reinen Sittengesetz der Vernunft, oder er folgt blos seinem Naturtriebe, oder er setzt die Triebe der

Natur mit den Gesetzen der Vernunft in Harmonie, er ist einig mit sich selbst.

Nur im letztern Falle ist der Ausdruck moralischer Empfindungen schön; ihm allein gebührt der Name, Anmuth. Der Mensch handelt hier aus Neigung, die ohne Zwang mit den Vorschriften des Sittengesetzes übereinstimmt; seine Handlungen haben keinen moralischen Werth, aber wohl einen ästhetischen, und ihre Wirkung ist Zuneigung und Liebe.

Im zweiten Falle läßt der Mensch den Naturtrieb ungebunden herrschen; er empört nicht nur den moralischen Sinn, sondern auch den ästhetischen, er handelt brutal.

Im ersten Falle befindet sich der Mensch in einer Verfassung, die der Anmuth, als, dem freien Produkte seiner beiden Naturen durchaus nicht günstig ist; er handelt aus Pflicht, die Beobachtung der Pflicht kann aber nie schön genannt werden, weil sie auf einem moralischen Zwange beruht.

Die Handlungen, die aus diesem Verhältnisse der Sinnlichkeit zur Vernunft entspringen, heißen gut, wenn sie des Gebots der Vernunft wegen gethan worden, ohne die Stimme der Neigung zu Rathe zu ziehen, ihre Wirkung ist Achtung; sie heißen groß und erhaben, wenn das Gebot der Vernunft selbst gegen die Stimme der Neigung ausgeübt wird, ihre Wirkung ist Bewunderung.

Es wird also nur allein derjenige Zustand des Gemüths, wo Vernunft und Sinnlichkeit, Pflicht und Neigung, zusammenstimmen, die Bedingung seyn, unter der die Schönheit des Spiels, d. i. Anmuth, erfolgt, und in einer solchen Handlungsweise offenbart sich eigentlich dasjenige, was man unter einer schönen Seele versteht.

In einer schönen Seele ist die Pflicht beständig auf Seiten der Neigung; die Person weiß selbst niemals um die Schönheit ihres Handelns, und es fällt ihr nicht mehr ein, daß man anders handeln und empfinden könne, sie ist sich der innigen Harmonie ihrer beiden Naturen unbewußt, und Grazie ist ihr Ausdruck in der Erscheinung.

Eine schöne Seele verbreitet selbst über eine Bildung, der es an architektonischer Schönheit mangelt, eine unwiderstehliche Grazie und oft sieht man sie selbst über Gebrechen der Natur triumphiren.

Alle Bewegungen, die von ihr ausgehen, werden leicht, sanft und dennoch belebt seyn. Heiter und frei wird das Auge stralen, und Empfindung wird in demselben glänzen. Von der Sanftmuth des Herzens wird der Mund eine Grazie erhalten, die keine Verstellung erkünsteln kann. Keine Spannung wird in den Mienen, kein Zwang in den willführlichen Bewegungen zu bemerken seyn, denn die Seele weiß von keinem.

Man kann sich kein wahreres Bild von einer schönen weiblichen Seele vorstellen, als es dem Dichter in folgenden Zügen aufzufassen gelungen ist:

War's nur dieser Glanz der vollen Rosen,
　Den der Mai auf deine Wange goß,
Nur die Brust, auf welcher Götter kosen,
　Nur das Haar, das wallend niederfloß;
Nur der Wuchs aus Harmonie gewoben
　Und vom Schmuck der Grazien umwallt —
　War's nur diese holde Lichtgestalt,
Der mein Herz entgegen sich gehoben?

Nein, o Ida! — Nicht des Busens Wallen
　Nicht der Wange Purpur war's allein!
Monde wechseln, und die Rosen fallen,
　Winter stürmt — entblättert steht der Hayn! —
Unter Blumen schleicht der Krankheit Schlange:
　Blumen sind für keine Ewigkeit!
　Unter Küssen selber pflückt die Zeit
Manche Blüthe von der vollen Wange!

Doch es webet oft der Gottheit Milde
　Um die schönen Seelen ein Gewand
Rein und herrlich, wie nach ihrem Bilde
　Einst die Ersterschaffne vor ihr stand.
Schwesterlich umarmt der Geist die Hülle,
　Und die schöne Hülle selbst wird Geist!
　So durchströmend, so durchlodernd fleußt
In sie über heil'ger Gottheit Fülle.

In des Auges lebenvollen Blicken
    Schwimmt der Seele holder Engelsinn
Bald im Stralenmeere voll Entzücken,
    Bald ein leichtes Abendwölkchen, hin:
Wallet itzt auf reiner Freude Wellen
    Sorglos, wie auf stiller Fluth der Schwan;
    Oder legt den Thränenschleier an
Wann der Wehmuth Fluthen höher schwellen.

Auf den Wangen lichten Frühlingsauen
    Geht die Seel' im Morgenroth herauf;
Demuth, holde Schaam und Liebe thauen
    Schwesterlich den reinsten Purpur drauf.
Auf der Stirne hohem Aetherbogen
    Thront der Geist wie über seiner Welt:
    Die Gedanken sind am Himmelszelt
Zahllos, wie die Sterne, aufgezogen.

Aus des Mundes süßen Melodien
    Tönt die Seele freundlicher hervor
Auf der Sprache sanften Harmonien
    Steigt sie milder zu des Freundes Ohr:
Spricht im leisen Ach! wie Wehmuthsflöten
    Wenn die Nachtigall am Waldsee klagt:
    O! und was der blöde Mund nicht wagt,
Sagt der Liebe Tochter, das Erröthen.

Geist und Seele lebt im schönen Bilde,
 Wie im Spiegel eine Lichtgestalt,
Wahrer Abdruck jener innern Milde,
 Die in schönen Formen überwallt.
Geist und Seele schwebt auf jeder Neigung,
 Wie auf Grazien die Anmuth schwebt;
 Geist und Seele rollt und wirkt und bebt
In der gliederleisesten Bewegung.

Ida, meine Ida, Jugendblüthe
 Welkt hinweg vom Engelangesicht:
Aber dieses Herzens ewge Güte
 Schwindet aus dem schönen Auge nicht.
Anmuth strömt von eines Nestors Munde,
 Und der Seele holden Abglanz bleicht
 Wenn die Schönheit mit der Jugend weicht
Keine Zeit und keine Todesstunde.

Es giebt noch eine Anmuth, die sich durch die Macht des sympathetischen Spiels zu ruhenden Zügen verfestete. Zwar legt sie die Fertigkeit des Gemüths in schönen Empfindungen an den Tag, und ist uns gerade deswegen am schätzbarsten, aber ihr ästheti=

sches Kriterium, die Schönheit der durch Freiheit bewegten Gestalt, mangelt ihr; sie verwandelt sich zuletzt nicht selten in architektonische Schönheit, und läßt sich kaum mehr zur Grazie zählen.

Ein reger Geist verschafft sich auf alle körperliche Bewegungen Einfluß, er bildet sich selbst seinen Körper, und legt in alle selbst die festen Formen der Natur, sprechenden Ausdruck.

An einem solchen Menschen wird endlich alles Karakterzug, wie wir an manchen Köpfen finden, die ein langes Leben, außerordentliche Schicksale und ein thätiger Geist völlig umgeschaffen haben; daher sagt man ganz richtig, daß an einer solchen Gestalt alles Seele sey.

Aber nicht immer ist diese zweite Schöpfung der Natur, dieser mächtige Einfluß des Geistes auf den Körper, für Schönheit der günstigste. Ein feindseeliger mit sich uneiniger Geist wird die erhabenste Schönheit des Baues eben so leicht zu Grunde richten, als es dem heitern und in sich harmonischen Gemüthe gelingt, die Fehler der Natur zu ver=

verbessern und ihre gefesselten Formen mit der schönsten Glorie zu entwickeln. —

Es ist, wie schon vorhin bemerkt worden, auch dem Manne vergönnt, an dem Altar der Grazien zu opfern, und es ist ihm nothwendig, wenn er gefallen will. Aber die Anmuth des Weibes und die Anmuth des Mannes sind beide eben so karakterisch verschieden, als der Ausdruck in den Formen der Geschlechter.

Die weibliche Anmuth mehr von Liebe begleitet, bezaubert zuerst die Sinne; und da die Fülle des sinnlichen Reizes nur Ausdruck zarter und feiner Geistigkeit ist, so fließt die zuerst gewerkte sinnliche Empfindung in unentweiheter Reinheit in die geistige über.

Die männliche Anmuth, mehr von Würde getragen, wendet sich zuerst an den Geist, aber da diese geistige Würde im Gewande der Sinnlichkeit auftritt, so geht die zuerst rege gemachte Empfindung in die sinnliche über. —

C

Einige Betrachtungen

Ueber den Ausdruck in der männlichen und weiblichen Form

werden den eigenthümlichen Karakter dieser Verschiedenheit näher entwickeln.

In dem stärkeren weniger mit mildernden Fleische bedeckten Bau, in den bestimmteren Zügen, den festeren und schärferen Umrissen kündigt sich die männliche Gestalt an, und deutet auf eigenthümliche Kraft, Feuer und Heftigkeit, die sich auch überall überwiegend hervordrängt.

In dem Körper des Weibes bietet sich hingegen ein zarterer Gliederbau dar, eine sanfte Fläche von wellenförmigen Linien begränzt, eine ununterbrochene Stätigkeit der Umrisse, eine üppige Fülle des Stoffs deutet auf eine empfangene Kraft, die mehr gemacht ist Thätigkeit zu erwiedern, als ursprünglich zu erzeugen.

In der männlichen Bildung erzeugt die strengere Willenskraft jene Bestimmtheit der Formen, in der weiblichen die größere Naturfreiheit jene Stätigkeit sanfterer Umriſſe.

Die Gestalt des Mannes gleicht einer Zeichnung, worinn die Regel der Kunstmäßigkeit durch harte Striche angedeutet ist; die Gestalt des Weibes gleicht einem Titianischen Gemählde, worin alle jene schneidenden Linien und Umriſſe in einander verschmolzen sind.

Unter dem leisesten Hauche des Affekts neigt sich die zarte Fiber des Weibes, sie empfängt jeden Eindruck schneller, und läßt ihn schneller verschwinden; in leichten und lieblichen Wellen gleitet die Seele über das sprechende Gesicht, das sich zu einem ruhigen Spiegel bald wieder ebnet.

Mit mühsamer Anstrengung strebt der Mann nach jener harmonischen Einheit des Gemüths, und indem er seine stärkere Muskeln anzieht, entflieht die Leichtigkeit, die schwesterliche Gefährtinn der Grazie.

Indem in der männlichen Bildung der Geist vorzudrängen strebt, genügt er sich in der weiblichen nur durchzublicken.

Phanthasie und Verstand, Empfindung und Vernunft fließen in dem Weibe unaufhörlich in einander, das innere Leben des Weibes ist daher weniger von der äußern Erscheinungsweise geschieden; mit freiwilliger Leichtigkeit malt sich in seinem bildsameren Baue, wie in einem hellen Spiegel, die Seele.

Da nun Freiheit von allem Zwange die Seele aller Schönheit und Anmuth ist, so müssen wir unter den Geschlechtern dem weiblichen den nächsten Rang an der Anmuth, und vielleicht dem männlichen den nächsten an der Schönheit einräumen.

Ueber den wahren Ausdruck der Schönheit und Anmuth finden wir nur allein in den uns übrig gebliebenen mythischen Darstellungen und Kunstprodukten in der männlichen und weiblichen Gestalt des griechischen

Schönheitsgefühls den befriedigendsten Aufschluß; wir mögen das Urtheil über

das schönste Weib,

das der griechische Mythus dem Paris unterlegte, anhören, oder die mediceische Venus in Florenz beschauen, so müssen wir diesem mit einer ästhetischen Reizbarkeit so vorzugsweise ausgestatteten Volke, das kompetente Richteramt über Schönheit zuerkennen.

Aus sehr einleuchtenden Gründen kommt das Urtheil über weibliche Schönheit den Männern, und das über männliche den Weibern zu, und daher übertrug auch Jupiter in dem bekannten Mythus die Entscheidung über die Schönste unter den drei Göttinnen, Juno, Pallas und Venus, der Beurtheilung des Paris.

Ein kleiner und zarter Gliederbau, welcher jeden schmeichelnden Liebreiz bereint, der üppige Wuchs, das schmachtend feuchte Auge, der sehnsuchtsvoll geöffnete Mund, die holde

Sittsamkeit, welche mehr jungfräuliche Schüchternheit als entfernende Strenge verräth, und die himmlische Anmuth, die gleich einem Hauche über die ganze Gestalt ausgegossen ist, kündigen die aufblühende Idealgestalt des Weibes in der Göttinn der Schönheit und Liebe an, die ihre Schwäche selbst auf ihre Macht zu gründen scheint, in deren Kreise alles Wohlwollen, Liebe und Genuß athmet, und obgleich sich ihr Ausdruck unmittelbar an die Sinnen wendet, so bleiben doch die Forderung des Geistes nicht unbefriedigt.

Der karakteristische Unterschied der Venus von Pallas und Juno findet sich vorzüglich in ihrem Blick; indem die florentinische Venus das untere Augenlied ein wenig in die Höhe gezogen hat, spricht aus ihren sanft geöfneten Augen jener schmachtende Liebreiz.

In der seelenvollsten Miene, in dem lebendigsten Ausdruck des moralischen und intellektuellen Karakters erkennen wir Minerva. Der Ernst der Weisheit hat in ihr jede weibliche Schwäche vertilgt, das zeigt der ruhige, nachdenkend niederge=

schlagene Blick. Ihr Auge ist mäßiger gewölbet und weniger offen, und ihr Haupt erhebt sie nicht stolz. So findet man dies Bild jungfräulicher Züchtigkeit in der Villa Albani.

Minerva ist mit aller Schönheit ihres Geschlechts geschmückt, aber der weibliche Reiz strömt nicht in schmelzender Schönheit von ihr aus; sie verschmäht die süßen Freuden der Liebe, und würde den Frevler mit Strenge strafen, der sich unmittelbar an ihre Sinnlichkeit wenden wollte.

Mit gemildertem Glanze steigt in dem Lächeln des Mundes, in dem sanftbelebten Blick, in der heitern Stirne die **Vernunftfreiheit** auf, und mit erhabenem Abschied geht die **Naturnothwendigkeit** in der edlen Ruhe des Angesichts unter.

Zwar erblicken wir in dieser Zusammenstimmung zwischen dem Geistigen und Sinnlichen, die höchste sittliche Reinheit, aber der Wille hat seine moralische Kraft nicht von der Neigung, sondern von der Vernunft empfangen; der Ausdruck der Kraft ist mehr auf Seiten der Sittlichkeit als auf Seiten der Neigung,

Die Tugend und Weisheit ist sich allgenügsam, und bietet sich nicht an, sondern will gesucht werden; sie ist zu groß um sich sinnlich zu machen, ihr Ausdruck äußert sich nur wie auf einer stillen Fläche des Wassers, und zeugt nie von aufgeregter Kraft, die Freude der Tugend schwebt wie eine sanfte Luft auf ihrer Gestalt.

Liebenswürdige Anmuth von Größe getragen ist daher das Total des Ausdrucks in der Gestalt der Pallas.

In einer neuen Sphäre sehen wir die Weiblichkeit versetzt, wenn wir Cytherens Anmuth und Lieblichkeit mit der Würde der Juno vergleichen. In der ersteren ist die Weiblichkeit rege und thätig, sie ist weniger Karakter als Stimmung des Moments und der Neigung; bei der letztern ergießt sie sich ruhig durch das ganze Wesen, sie drängt sich in keinem einzelnen Zug der Neigung oder des Affekts hervor, sondern ist ganz zum Karakter geworden, wir sehen in ihr das Bild wahrer Weiblichkeit, nur auf einer erhabenen Stufe. So ist die Juno in der Villa Ludovisi dargestellt.

Nicht wie die Göttin der Liebe, durch schmeichelnden Liebreiz, noch wie Jupiters Tochter durch stille Weisheit, sondern durch einen feierlichen über das ganze Wesen strömenden Ernst verräth Juno das Weib. Ihre hohe, kühner sich erhebende Gestalt, ihr weites freier sich wölbendes Auge, ihr stolzer gebietender Mund geben ihr eine Würde, welche jeden Schatten der Begierde vertilgt.

Indem sie aber hierin die Weiblichkeit gleichsam verleuchnet, dankt sie derselben ihre ganze übrige Schönheit. Weiblich ist die Fülle ihres Wesens, eine weibliche, langsam ausströmende Kraft ihre wohlthätige Macht, und zugleich ist beides mit lieblicher Anmuth und allen Reizen der Jugend geschmückt.

Es ist also weder Anmuth noch Würde, was aus dem herrlichen Antlitz einer Junzu uns spricht; es ist keines von beiden, weil beides zugleich in dem innigsten Bund verknüpft ist.

Indem uns aber die himmlische Selbstgenügsamkeit von Anmuth, Größe und Würde getragen, unmittelbar anspannt, geben wir uns der himmlischen Grazie aufgelöst hin; wir beugen uns vor jener und neigen uns zu dieser.

Es offenbaret sich die weibliche Eigenthümlichkeit am treusten in der physischen Gestalt und dem sinnlichen Ausdruck, und eben daher wollen wir auch, daß die weibliche Schönheit zuerst durch die Sinnen den Geist und nicht durch den Geist die Sinne einlade, und was unser dunkles Gefühl von dem Idealschönen des Weibes ahndet, ist jene üppige Fülle des Reizes, die von wundervoller Schönheit des Baues gehalten, und von feiner Grazie gemäßigt wird, und grade diese magische Naturkraft finden wir in Dionens Tochter; sie erscheint uns menschlicher; ob sie gleich auf keine Weise das

Göttliche in der reinen Harmonie ihrer beiden Naturen verleuchnet, so nahen wir uns ihr dennoch mit vertrauender Hoffnung.

Solch ein Bild schwebte dem griechischen Künstler vor, als er die mediceische Venus schuf, von der Winkelmann, dieser in die Geheimnisse der Schönheit so tief geweihete Kenner, sagt: sie ist einer Rose gleich, die nach einer schönen Morgenröthe, beim Aufgange der Sonne, aufbricht, und die aus dem Alter tritt, das, wie Früchte vor der völligen Reife, hart und herblich ist, — nicht ganz Mädchen, aber auch noch nicht ganz reif. —

Nach den Mytographen und Kunstwerken der Griechen läßt sich folgende

Architektonische Zeichnung der griechischen Schönheit

entwerfen.

Das griechische Profil als die Haupteigenschaft hoher Schönheit in der Bildung des Gesichts, erscheint da, wo eine grade sanft gesenkte Linie, die Stirn mit der Nase beschreibt. Das Grade und Völlige dieser Linie trägt mehr das Gepräge der Größe und Hoheit, das Gesenktere hingegen, der Sanftmuth und Gefälligkeit an sich.

Die Schönheit der Form des Gesichts verliert von ihrer Vollkommenheit, je nachdem die Einbiegung der Nase tiefer ist, und gewinnt, nachdem sie sich sanfter und gefälliger von der Stirn hernieder senkt.

Die Stirn behauptet den Rahmen der Schönheit, wenn in reiferem Alter, sie groß freier gewölbt, gleichsam der Thron von Hoheit und Würde, und in der ersten Blüthe der Jahre, ehe der kurze Haarwuchs verschwindet, durch mehrere Kürze, der Sitz von Sanftmuth und Munterkeit ist.

Die Augenbraunen sind schön, wenn sie gleich einem dünneren Faden von Härchen mit schneidender Schärfe erscheinen; allein sie verlieren ihren Preis, wenn höhere Wölbung sie einem gespannten Bogen und Schnecken ähnlich macht; die Griechen nannten die erstern die Augenbraunen der Grazien, allein den letztern sprachen sie den Ruhm der Schönheit ab.

Dem Auge giebt Größe, offner und beredter Blick seinen gewissen Werth, bald empfängt es von schmachtender Bläue, bald von brennender Schwärze jene zauberische Kraft. Die gepriesene Größe des Auges hängt von dem Schnitt und der Oeffnung der Augenlieder ab, von denen das obere gegen den niedern Winkel einen runderen Bogen, als das untere beschreibt. Allein das Auge rage weder zu weit hervor, noch liege es zu tief versteckt, der Augapfel selbst stehe im Profil, wenn die offne gefällige Miene erscheinen soll.

Der Mund ist nach den Werken der griechischen Meister schön, wenn er mit der Oefnung der Nase gleiches Maßes ist. Ein längerer Schnitt zerstört das Verhältniß des Ovals, in dessen Gränzen jeder Theil der darinnen liegt, in eben der Abweichung zugehen muß, in welcher es sich selber schließt.

Von der frischen Röthe der Lippen strömt die lieblichste Anmuth, und die zurück= weichende Rundung des Kinns gewinnt an gefälliger Mannigfaltigkeit, wenn die untere Lippe völliger, als die obere ist.

Die runde volle Wölbung des Kinns ward durch kein Grübchen unterbrochen, denn da dieses nur etwas Zufälliges ist, so ist es von den griechischen Künstlern nicht, wie von einigen Neuern, als eine Eigenschaft der allgemeinen reinen Schönheit geachtet wor= den; daher findet man es auch nicht an der Niobe und an ihren Töchtern, nicht an der albanischen Pallas noch an andern Schön= heitsidealen. Die Venus in Florenz hat es, als einen besondern Liebreiz, nicht als etwas zur schönen Form gehöriges.

Die Zeit und die Wuth der Barbaren hat uns von schönen Füßen wenige, von schönen Händen in Marmor keine einzige übrig gelassen. Die Hände an der medicei=

S. 47.

schen Venus sind völlig neu, obgleich viele Kunstrichter sie für alt hielten, und Fehler darin fanden.

Die Schönheit einer jugendlichen Hand besteht in einer sehr mäßigen Völligkeit, mit kaum merklichen gesenkten Spuren, gleich sanften Beschattungen, über die Knöchel der Finger, wo auf völligen Händen Grübchen sind; die Finger sind in einer lieblichen Verjüngung, wie wohlgestalte Säulen gezogen.

Gewölbte Erhabenheit der Brust wird an männlichen Körpern, bei dem weiblichen Geschlecht werden schmälere, die Schultern und eine oben plattere Brust für Schönheit geachtet.

Die Schönheit des weiblichen Busens wurde in dem mäßigen Wachsthum der Brüste gesetzt, die Griechen brauchten oft künstliche Mittel das Emporschwellen zu verhindern. Theokrit vergleicht eine jungfräuliche Brust mit unreifen Trauben, und an einigen Figuren der Venus sind die Brüste gedrungen und Hügeln ähnlich, die sich zuspitzen. —

Wie aus dieser sinnlichen Harmonie der einzelnen Theile zu einem schönen Ganzen die reine Kunstmäßigkeit hervorblicken muß, so wird wenn die Gestalt vollendet heißen soll, noch ein Ausdruck der sittlichen Harmonie des Karakters, wie aus dem obigen überall hervorgeht, gefordert, und nur alsdann steht sie da, gerechtfertigt in der Geisterwelt und freigesprochen in der Erscheinung.

Weit entfernt, daß der Ausdruck des Geistes an der weiblichen Bildung vermißt werden sollte, ordnet sich derselbe vielmehr nur jener gefälligen Grazie freiwillig unter. Und um genauer zu bestimmen:

Welcher Ausdruck von Geist in der Gesichtsbildung des schönen Weibes liegen kann, ohne die Wirkung der Schönheit aufzuheben oder zu stören?

weist uns Natur und Gefühl an die Schranken der Weiblichkeit zurück.

Sehr

Sehr oft werden Ausdruck und Schönheit verwechselt, so wesentlich verschieden sie auch sind; wir hören oft Bildungen schön nennen, die blos interessant heißen dürften; ein Beweis, wie selten die harmonische Stimmung des Gemüths ist, die allein für wahre Schönheit empfänglich macht.

Wir fordern von der weiblichen Bildung einen sprechenden Ausdruck, aber nicht jenen Ausdruck, der die Stätigkeit, den sanften Fluß der Umrisse beeinträchtigt, sondern der in reizender Fülle hervorleuchtet, und alle einzelne Züge in ungezwungener Leichtigkeit zu einem harmonischen Ganzen verbindet.

Wo aber der bestimmte, lebhafte Ausdruck spricht, da werden die Züge von dem Geist beherrscht; sie werden verhindert, ihrer eigenen Freiheit zu folgen, der Beschauer wird gezwungen, in seiner Phantasie die äußere Gestalt von der innern Bedeutung zu trennen, und seine Aufmerksamkeit von jener auf diese zu wenden.

Die wahre gefällige Schönheit ist von dem bestimmten Ausdruck, in welchem der Karakter auf Kosten der Freiheit hervorsticht,

D

eben so weit entfernt, als von der flachen ausdruckslosen Bildung, in welcher des Geist gar keine Spuren von sich aufweist; sie steht zwischen beiden in der Mitte, enthält in sich, vollendet alles, was dem Sinn und was dem Geiste genügt, und nur in ihr ist der inhaltsvolleste Ausdruck, zugleich mit der freiesten Anmuth der Züge verbunden.

Auf jenen vordringenden Ausdruck ist selbst der bessere Geschmack unseres Zeitalters nicht nur in der menschlichen Bildung, sondern selbst in den Werken der bildenden und schönen Kunst fast ausschließlich gerichtet, und droht jeder Schönheit Gefahr.

Da sich die weibliche Schönheit ihrer Natur nach weniger an den Verstand als an die Sinne wendet, so sind ihr die Gränzen, innerhalb welcher der Ausdruck spielen darf, enger gezogen, als der männlichen, und eben daher, weil der weibliche Körper, durch seine größere Bildsamkeit und zartere Geschmeidigkeit, dem Ausdruck größere Freiheit und feinere Verschiedenheit verstattet, so ist sie am meisten in Gefahr, da den Ausdruck herrschen zu lassen, wo er nur spielen darf.

So verwechselt nicht selten der herrschende Zeitgeschmack das Anziehende mit dem Schönen, und wir sehen bei Beurtheilung der weiblichen Schönheit, daß er fast immer dem hervorstechenden Ausdruck von Geist, Witz und Lebhaftigkeit, den Ausdruck eines ruhigen, aber sanften und zarten Gefühls, nachsetzt. Gleich als wäre man sich seiner Schlaffheit bewußt, sucht man uns das, was pikannt ist, was einen lebhaften Reiz erweckt.

Grade die ächtweiblichen Gestalten, die nichts Ausgezeichnetes besitzen, die sich nicht durch Ueberspannung interessant machen, aus welchen aber Zartheit des Gefühls, ruhige Sittsamkeit und ein anspruchloser Eifer für alles Wahre und Gute spricht, werden mit dem zweideutigen Lobe zurückgewiesen, womit man die bloße Herzensgüte mehr zu beschämen als zu belohnen pflegt.

Mag immerhin diese Geschmacksstimmung hie und da eine unwürdige Herrschaft führen, so haben wir ihr doch als bedingtem Schritte zur bessern Richtung unsers ästhetischen Gefühls, schon jetzt die Vermittelung einer wahreren Erkenntniß des Aechtschönen zu verdanken, und wir dürfen erwarten, daß sie bald nicht mehr die herrschende seyn wird.

Da nun die Eigenthümlichkeit der weiblichen Gestalt auf Freiheit und Harmonie des Ganzen beruht, der lebhafte Ausdruck des Geistes aber immer einzelne Züge, mehr oder minder scharf gezeichnet, heraushebt, so wird innig in die ganze Gestalt verwebt, auf den ersten Blick kaum bemerkbar, und in edle Einfachheit gekleidet, der Ausdruck des innern Karakters in wahrhaft schönen weiblichen Bildungen seyn müssen.

Und weil Phantasie und Empfindung mehr verbindend, Verstand und Vernunft mehr trennend wirken, so sind auch jene der harmonischen Einheit in der weiblichen Bildung günstiger, und wir finden daher in der Gestalt der Cythere einen schönern und wahrern Ausdruck von der weiblichen Eigenthümlichkeit, als in der Bildung der Pallas und Juno.

Ganz anders verhält sich dagegen der Ausdruck zur Eigenthümlichkeit der männlichen Bildung; der ächte männliche Ausdruck ist es grade, der nicht nur unsere Forderung an jenen Karakterausdruck in der Weiblichkeit rechtfertigt, sondern der auch der Forderung der Natur, bei der verschiedenen Bestimmung beider Geschlechter in der Sphäre dieser Welt ein befriedigendes Genüge leistet.

Auch hier, wenn wir ein wahres Urtheil über

die Schönheit des Mannes

fällen wollen, müssen wir uns an den Geschmack jener feinen Schönheitskenner wenden, und den Ausdruck von ihren reizenden Denkmälern, die uns Winkelmann in den treffendsten Zeichnungen gleichsam sichtbar vor Augen stellt, in bestimmte Begriffe aufzufassen suchen.

Indem die reizende Anmuth und die liebliche Fülle der Weiblichkeit die Sinne bewegt, und der Phantasie und Empfindung ein reiches lebendiges Bild darstellt, beschäftiget die größere Bestimmtheit in der männlichen Gestalt, der Ausdruck von Energie und selbstthätiger Kraft, das Vermögen der Begriffe.

Die Einheit in der weiblichen Gestalt wird also mehr empfunden, die Einheit in der männlichen mehr gedacht. Eben daher fordert der Ausdruck in jener, um recht verstanden zu werden, einen feinen vielfach geübten Takt; dieser mehr eindringenden Scharfsinn; denn dort steht er mit der ganzen Gestalt in Verbindung, und ist daher mehr versteckt, hier ist er deutlicher ausgesprochen.

Denken wir uns zu diesem lebendigen Ausdruck einer mit Stärke gerüsteten Energie, jene milde Grazie, welche die Härte hinweg nimmt, ohne die Bestimmtheit zu vertilgen, so erscheint die eigenthümliche Schönheit des Mannes in ihrem herrlichsten Glanze.

Ein solches Ideal ächter Männlichkeit erblicken wir im vatikanischen Apoll. Die höchste männliche Kraft und Bestimmtheit, die Stärke des gereiften Alters ist mit den sanften Formen des schönsten jugendlichen Frühlings verbunden; auf dieser Jugend, sagt Winkelmann, blühet die Gesundheit, und die Stärke verkündiget sich, wie die Morgenröthe zu einem schönen Tage. — Selbst der olympische Jupiter des Phidias hatte, wie eben dieser Kunstkenner ahndet, eine Art von Grazie, aber sie war nicht gefällig, sondern streng, ernst und majestätisch.

So ist denn auch die stille und sanfte Harmonie der geistigen und sinnlichen Natur der Zustand, welcher der Schönheit des Mannes am günstigsten ist, und welcher der Fläche des ruhigen Meers gleicht, das wie ein Spiegel still und eben erscheint, dennoch aber in einer sanften wechselnden Schwebung dahin wallt.

Alle Bewegungen seines Körpers tragen das sichtbare Gepräge der Munterkeit und Kraft, der Anmuth und Würde. Die Umrisse seiner Gestalt fließen zwar mit sparsamerer Fülle, als in der weiblichen, doch gleich sanft in einander.

Reiz und Anmuth gatten sich also nicht weniger mit der männlichen als mit der weiblichen Form; nur scheinen sie der weiblichen das Gesetz selbst zu geben, bei der männlichen hingegen das Gesetz des Verstandes auszuführen. —

Indem nun der weiblichen Gestalt Anmuth und Grazie, Sanftmuth und Gefälligkeit, Zärtlichkeit und Ergebenheit ausgeschlossen fen, und die männliche mit dem Ausdruck von Muth und Entschlossenheit, von Kraft und Würde beseelt wurde, beziehen sich beide wie Hälften eines unsichtbaren Ganzen auf einander, und befördern gemeinschaftlich die wunderbare Einheit der Natur, welche zugleich das Ganze auf das innigste verknüpft, und das Einzelne auf das Vollkommenste ausgebildet zeigt.

Anmuth und Reiz beleben das weibliche Geschlecht, und locken den raüheren Mann mit unwiderstehlichem Zauber in die wohlthätigen humanisirenden Bande, welche die Liebe um ihre Herzen schlingt.

Muth und Entschlossenheit herrschen in dem Manne, damit das zärtere wehrlosere Weib, auf seine Stärke gelehnt, an seiner Seite, den Gefahren trotze, deren sich selber zu entwehren, es nicht Kraft, nicht Muth genug hat. —

Der Ausdruck von Geist in den Bildungen beider Geschlechter ist also wesentlich verschieden. Das weibliche Geschlecht muß grade jene weibliche Eigenthümlichkeit mit schonender Sorgfalt zu erhalten bemüht seyn, um nicht jenen lebendigen Ausdruck seiner Gestalt selbst zu zernichten; und wenn ihm dies Bemühen mißlingt, so sinkt es zu seiner Naturbestimmung und den Verrichtungen des äußern alltäglichen Lebens herab, oder geht zu Beschäftigungen über, die nicht zu seinem Kreise gehören. —

Der Ausdruck in der männlichen Gestalt hingegen, er mag in einzelnen hervorstechenden Zügen beruhen, oder in die ganze Gestalt feiner verflochten seyn, kann zwar durch seine Stärke die Schönheit beleidigen, aber das Karakteristische der Männlichkeit wird dabei eher gewinnen als verlieren.

Die Meinungen beider Geschlechter sind zwar über den Ausdruck von Karakter und Geschmack in der männlichen Bildung ziemlich einstimmig, allein was den Ausdruck von Geist in dem männlichen Kopfe betrift, so sind die Forderungen, welche die Frauen allgemein an den Kopf des schönen Mannes machen, von den Forderungen der meisten Männer auffallend verschieden.

Der Geschmack aller Frauen kommt da in überein, daß nur eine gewisse Art und ein gewisser Grad des Ausdrucks von Geist sich mit der Schönheit des Mannes vortrage; die meisten Männer hingegen sind der Meinung, daß aller Ausdruck von Geist mit der Schönheit des Mannes harmonire, und sich nie zu viel Geist in dem Kopfe des schönen Mannes ausdrücken könne.

Daß überhaupt der zu starke Ausdruck die Schönheit der Formen vernichtet, daß er, wenn er in permanente Züge übergeht, nicht mehr schön, sondern wohl interessant heißen kann, wissen wir schon aus dem Obigen; hingegen,

Welche Art des Ausdrucks von Geist in der Gesichtsbildung des schönen Mannes der Schönheit am wenigsten Gefahr dryht?

welcher also den Frauen am meisten gefällt? Diese Frage ist noch zu beantworten übrig.

Unsere gelehrten Männer, die den hohen Ausdruck von Geist für das ausschließende Verdienst einer schönen männlichen Physiognomie halten, glauben sich an dem Urtheile der Frauen durch den Machtspruch zu entschädigen, als wissen die Frauen große Talente des Geistes nicht zu schätzen. Frauen können indessen alle Ehrfurcht für diese Gaben fühlen, ohne daß sie durch die Erscheinung derselben in der sichtbaren Bildung angenehm gereizt würden.

Unter Ausdruck von Geist versteht man Züge des Gesichts, welche wir als Zeichen gewisser Anlagen und Fertigkeiten des Gemüths betrachten, durch welche große Wirkungen möglich sind.

Unter diesen Zügen zeichnen sich vorzüglich aus: die Physiognomie des verständigen Mannes, in Zügen, welche Leichtigkeit, Schnelligkeit und Gewandheit der Urtheilskraft und des Erkenntnißvermögens ankündigen;

die Physiognomie des determinirten Mannes, in Zügen, welche Gegenwart des Geistes und eine immer entschlossene Fassung ausdrücken;

die Physiognomie des feinen, des witzigen Mannes, in Zügen, welche einen äußerst hohen Grad von Feinheit der Urtheilskraft, verbunden mit einem gleich hohen Grad von Schnelligkeit, ausdrücken;

die Physiognomie des Mannes von Sinn für das Komische, in Zügen, welche einen herrschenden Hang verrathen, das Lächerliche zu bemerken und zu empfinden;

die Physiognomie des satyrischen Mannes, in Zügen, welche denselben Hang verrathen, das Lächerliche zu bemerken, jedoch mit dem Ausdruck einer entschiedenen Begierde das Lächerliche zu verfolgen und dem Thoren wehe zu thun;

die Physiognomie des feurigen, des schwärmerischen Mannes, in Zügen, welche ein leichtes und lebhaftes Spiel der Phantasie bezeichnen, verbunden mit dem Ausdrucke eines innigen Interesse für dieses Spiel;

die Physiognomie des tiefsinnigen Mannes, in Zügen, welche eine große Anlage zu tiefem Denken über, außer der Erfahrung gelegene, Gegenstände ausdrücken, verbunden mit einem Ausdruck von Versenkung in sich selbst, von Ueberlegenheit an Denkkraft über Andre.

Da es nun eine unerläßliche Forderung an die schöne Gestalt ist, daß durch ihre Be-

trachtung: Verstand und Einbildungskraft in ein leichtes und harmonisches Spiel versetzt, daß wir von einem Gefühle der Achtung für das Wesen, welchem die Gestalt zukömmt, erfüllt werden, und daß durch beides in uns ein reines Gefühl des Vergnügens an der Form und der Liebe zu ihr, entstehen, so werden wir aus jenen Hauptzügen männlicher Physiognomien, die übrigens unendlicher Nuancen fähig sind, diejenigen aufsuchen müssen, welche sich mit der Schönheit der Gesichtsbildung des Mannes vertragen, und welche die Wirkung derselben theils vernichten, theils einschränken.

Der Ausdruck in dem Kopfe des schönen Mannes besteht, der Art nach, in der Verbindung des Ausdrucks von Stärke, Muth und Gegenwart des Geistes, mit dem Ausdrucke theilnehmender Empfindung und veredelter Geschlechtsneigung zu den Frauen, und dem Grade nach in derjenigen Stärke, bei welcher sich der Mann, ohne von seinen Karakter und seiner Würde zu verlieren, dem Weibe möglichst annähert.

Der liebenswürdige Ausdruck in der Physiognomie des schönen Mannes, verspricht also im vollen Sinne des Wortes einen Mann, aber einen Mann, in dessen Seele sich alle Eigenschaften, die ihm nach dem Zwecke der Natur für die Fortpflanzung der Gattung eigen seyn müssen, mit der zartesten Sympathie für das weibliche Geschlecht vereinigen.

Einen solchen schönen männlichen Kopf kann eine gewisse Nuance von Weiblichkeit gar nicht fehlen, welche aber dem herrschenden Ausdrucke von Männlichkeit eben so wenig schadet, als in seiner Seele diese Männlichkeit selbst durch die damit verknüpfte Anlage sich mit Zärtlichkeit dem Weibe hinzugeben, eingeschränkt ist.

Der schöne Kopf verräth auch allezeit eine in der Seele des Mannes herrschende Stimmung für die Liebe, die aber keinen einzigen Zug weder mit der Wollust, noch mit der Verliebtheit gemein hat, denn beide zerstören durchaus jede einnehmende Form eines schönen Kopfs.

Jener nur eben bemerkten allgemeinen Wirkung, welche ein schöner Kopf auf das Gemüth des Beschauers macht, mischt sich noch ein eigenthümliches aus dem Geschlechterverhältnisse in der Phantasie des Weibes entstehende freie Spiel bei, welches unter Bildern von Zügen und Handlungen die reinste entzückende Freude an der Liebenswürdigkeit einer schönen männlichen Seele erweckt, deren Vorstellung dem betrachtenden Wesen aus der Form gleichsam entgegen schwebt.

Nicht jede männliche Seele, welche tugendhaft ist, heißt darum auch schön und liebenswürdig, dies ist sie nur dann, wenn ihre Kräfte in einer solchen Harmonie erscheinen, daß man ihre freie und gar keines äußern Antriebs bedürfende Stimmung für die edelsten Handlungen leicht und einfach anerkennt.

Wir wollen nun die Ausdrücke, welche die Wirkung der Schönheit in der Gesichtsbildung stören, oder einschränken, oder gänzlich aufheben, und diejenigen, welche wesentlich zur Schönheit eines männchen Kopfs gehören, oder dieselbe erhöhen, genauer untersuchen, und sie unter allgemeine bestimmte Begriffe fassen.

Es störenden Ausdruck in der Gesichtsbildung des schönen Mannes:

1. Der physiognomische Zug des determinirten Mannes. Der sichtbar determinirte Mann drückt mehr aus als Gegenwart des Geistes, nämlich er drückt nicht blos die Fähigkeit aus, in jedem vorkommenden Falle sogleich die zweckmäßigsten Entschlüsse zu fassen; sondern auch eine außerordentliche Kraft, sie festzuhalten und durchzusetzen.

Der Anblick dieses physiognomischen Zuges versetzt uns in eine Gemüthsstimmung, welche das dem Schönheitsgefühle wesentliche leichte Spiel aufhebt. Er ist uns in einem gewissen Grade furchtbar und moralisch zweideutig. Wir können also eine Form, an welcher sich dieser Zug findet, nicht mit reiner Freude und Liebe anschauen.

2. Der physiognomische Zug des feinen und witzigen Mannes stört die Wirkung der

der Schönheit. Wir können das Gesicht des Mannes, welches Feinheit und Witz ankündigt, nicht betrachten, ohne in diesem Augenblicke uns bis auf einen gewissen Grad in die Geistesthätigkeit hinein zu denken, aus welchen jene Vollkommenheiten bestehen. Diese Stimmung aber harmonirt nicht mit jenem leichten und leidenschaftlichen Spiele der Gemüthskräfte, welche beim Genusse der Schönheit ungestört und rein empfunden werden muß.

Der Ausdruck von Feinheit und Witz gränzt an den Ausdruck von List, und macht eben dadurch den moralischen Karakter des Kopfs zweideutig, welcher, wenn er schön seyn soll, Offenheit, Gradheit und Einfalt der Gesinnung ausdrücken muß.

Obwohl die Verhältnisse der Menschen gegen einander einen gewissen Grad von List beinahe nothwendig gemacht haben, so bleibt dennoch unter den Menschen Offenheit und Gradheit der Gesinnung in unveränderter Achtung; und List des Menschen gegen den Menschen ist dem Gefühle unerträglich.

Selbst eine unschuldige List ist jederzeit gewissermaßen widrig. Der Ausdruck von List in einem Kopfe ist eben deswegen unangenehm; ist er stark und gränzt er an das Bösartige, so erregt er Mistrauen und Furcht, ist er dem Scheine nach unschuldig, so fordert er den Betrachter doch zu einer Wachsamkeit auf, die er lieber nicht hätte. Der schwächste Ausdruck von List ist der Zug, den wir mit pfiffig bezeichnen. Sieht ein Mann übrigens noch so schön, zugleich aber pfiffig aus, so können wir an seiner Form reine Freude nicht fühlen.

Auch hierin sind die Frauen von zarterem Gefühl als die Männer. Sie fordern von dem Manne, als eine Pflicht, die ihm die Natur auferlegt hat, grade und offne Gesinnung gegen das andre Geschlecht, und, so listig sie selbst sind, so können sie doch dem Manne die List nimmermehr verzeihen.

3. Der Ausdruck eines herrschenden Sinnes für das Komische ist selbst komisch, und verträgt sich in so fern nicht mit der Gemüthsstimmung, welche bei Betrachtung einer schönen Form statt findet. Es liegt in jenem Ausdrucke allezeit etwas Egoistisches, wohl gar ein gewisser Uebermuth gegen andere

Menschen, und dies schadet dem Ausdruck der sittlichen Liebenswürdigkeit.

Der Ausdruck eines herrschenden Sinnes für das Komische, hat gewissermaßen für den Betrachter etwas furchtbares. Wenn der Kopf eines Menschen mir ankündigt, daß er immer bereit ist zu lachen, wer bürgt mir dafür, daß dieser Mensch nicht über alles lacht, daß er nicht sein Kurzweil mit dem treibt, was mir das heiligste ist.

4. Der Satyriker kann ein höchst edler Mensch seyn; allein der physiognomische Zug der satyrischen Laune ist jederzeit widerlich. Ist man sich auch noch so sehr bewußt, von Thorheiten frei zu seyn, so hat dennoch für jeden ein Wesen etwas furchtbares, welches sich zum Geschäft zu machen scheint, Schwächen seiner Mitwesen aufzusuchen. Ueberdem führt der physiognomische Ausdruck der satyrischen Laune, jederzeit etwas Egoistisches mit sich, und fällt zusammen mit dem Ausdruck der List und der Schadenfreude.

Der physiognomische Zug lachend-satyrischer Laune ist zwar der Wirkung der

E 2

Schönheit minder gefährlich, der des bitter satyrischen Mannes hebt sie hingegen ganz auf, und der des beissend-satyrischen Mannes verursacht Abscheu.

Letztere Ausdrücke vernichten in dem Betrachtenden jenes leichte Spiel der Gemüthskräfte, welches die schöne Form an sich bewirken würde: er kann ihn nicht fassen, ohne sich den ernsten Haß eines Menschen gegen die Thorheit, und die Richtung aller seiner Kräfte auf den Zweck der Verfolgung und Vernichtung derselben lebhaft vorzustellen, und diese Vorstellung ist ihrer Natur nach mit Anstrengung und Ernst verknüpft.

Der physiognomische Zug der bitter-satyrischen Laune ist im höchsten Grade egoistisch, und macht allen Ausdruck theilnehmenden Gefühls unmöglich; ja er fällt zusammen mit dem Ausdrucke einer entschiedenen Bosheit, eines auf den Zeitpunkt seines Ausbruchs lauernden Grolles, und ähnlicher menschenfeindlicher Leidenschaften.

5. Der physiognomische Zug des Tiefsinns zerstört die Wirkung auch der schönsten Form eines männlichen Kopfes. Der An-

blick jenes Zugs versetzt den Beschauer unwillkührlich in einen gewissen Grad von Stimmung zum Tiefsinnen, und nöthigt ihn, sich, wenn auch nur dunkel, die Geistesoperationen vorzustellen, welche zum tiefsinnigen Denken gehören. —

Ist nun auch übrigens die Form der Gesichtsbildung ganz so, um den Betrachter in den Gemüthszustand eines leichten Spiels der vorstellenden Kräfte zu versetzen, so kann dennoch dieser wegen der Wirkung jenes Zuges nicht eintreten, oder doch nicht ununterbrochen fortdauern.

Was aber noch weit mehr, über die Unverträglichkeit des physiognomischen Ausdrucks von Tiefsinn mit der Schönheit, entscheidet, ist, daß jener Ausdruck beinahe jederzeit mit dem Ausdrucke eines über seinen individuellen Planen brütenden Egoismus, einer verschlossenen Tücke, einer gangbaren Erstorbenheit aller Leidenschaften und Gefühle verbunden ist.

Mißtrauen und Furcht sind also sehr natürlich die gewöhnlichen Empfindungen, welche der Anblick eines Tiefsinn ausdrückenden

Gesichts den meisten Menschen mittheilt, welche grade das Widerspiel jener sind, welche schöne Formen erwecken. —

Wesentlich gehört zur Schönheit eines männlichen Kopfs:

1. **Leichtigkeit, Lebhaftigkeit und Schnelligkeit der Vorstellungskraft;** denn die entgegengesetzten Ausdrücke stören den Gemüthszustand, welcher die eigenthümliche Wirkung der Schönheit ist. Einerseits hemmen sie das leichte Spiel der Gemüthskräfte des Betrachters, andererseits schwächen sie den moralischen Ausdruck des schönen Kopfs und die bei demselben zu fühlende Achtung gegen das Wesen.

Der sichtbare Ausdruck eines **schwerfälligen, matten und trägen Geistes**, theilt dem Betrachtenden in diesem Augenblicke selbst gewissermaßen diesen Karakter mit, oder flößt ihm einen gewissen Widerwillen ein. Dies werden wir in einem fröhlichen Zirkel gewahr, wo uns der Anblick eines tiefsinnigen Mannes unwillkührlich und wenigstens auf einen Augenblick unterbricht, und in eine ihm ähnliche Stimmung versetzt.

Es erhöht die Wirkung der Schönheit in der männlichen Gesichtsbildung. —

1. Der Ausdruck von Größe, von Umfang des geistigen Blicks, verbunden mit dem Ausdrucke der Leichtigkeit, Schnelligkeit der Vorstellungskraft; denn außerdem, daß jener Ausdruck das leichte Spiel der Gemüthskräfte des Betrachtenden nicht stört, gewinnt dadurch der Ausdruck der moralischen Liebenswürdigkeit des Mannes ungemein.

2. Der Ausdruck eines leichten und lebhaften Spiels der Phantasie erhöht ebenfalls in jeder Rücksicht die Wirkung eines männlichen Kopfs. Erstlich harmonirt jener Ausdruck und die dadurch in dem Betrachtenden erfolgende Stimmung vollkommen mit dem durch die schöne Form selbst entstehenden Spiele seiner Gemüthskräfte; dann wird auch dadurch der moralische Ausdruck um vieles erhöht. Sittliche Güte kann sich, wenn sie von einer lebhaften Phantasie unterstützt wird, vorzüglich in Beziehung auf das andere Geschlecht, um so liebenswürdiger äußern.

3. Der Ausdruck einer gewissen Schwärmerei erhöhet die Schönheit, jedoch darf sie sich eben so wenig in eine **herrschende Abwesenheit** verlieren, als den Mangel aller Herrschaft über sich selbst, und leidenschaftliche Empörung des Gemüths ankündigen.

Der Ausdruck des Schwärmerischen nteressirt vorzüglich, weil er dem Betrachtenden selbst eine, wenn auch noch so flüchtige Stimmung zu jenem angenehmen Gemüthszustande mittheilt, und der Zug von Liebe, der mit ihm verknüpft ist, nahe mit dem Ausdruck einer feinen Sympathie verwandt ist.

Oft führt auch der Anblick des schwärmerischen Ausdrucks einen gewissen sanften Reiz des Geheimnißvollen mit sich, welcher außerordentlich anzieht: Der Betrachtende ahndet in der Seele desjenigen Wesens, welches mit jenem Ausdrucke erscheint, einen Reichthum schöner und interessanter Bilder und Gefühle.

Allein wenn der Ausdruck dieser Schwärmerei sich in **herrschender Abwesen**-

heit des Geistes verliert, so stört er die Wirkung der Schönheit; denn erstlich versetzt der Anblick dieses Ausdrucks den Betrachtenden in eine Stimmung der Gemüthskräfte, die das leichte Spiel derselben hemmt, er kann ihn nicht ansehen, ohne sich unwillkührlich gedrungen zu fühlen, sich in den Zustand eines solchen Geistes hineinzudenken, welches mit Anstrengung verknüpft ist.

Zweitens stört dieser Ausdruck den moralischen Ausdruck des schönen Kopfs und seine Wirkung auf den Betrachtenden. Einmal hat jener Ausdruck etwas Egoistisches, gränzt an Selbstsucht, und Mangel an Sympathie; denn trauen wir auch einem Geiste, der einer solchen Abwesenheit fähig ist, nicht diejenige Herrschaft über sich selbst zu, welche zur sittlichen Güte gehört.

Ueberhaupt hört jede Gesichtsbildung auf liebenswürdig zu seyn, welche einen Geist ankündigt, dessen herrschender Hang es ist, sich über die wirkliche Welt zu erheben, und in der Sphäre des möglichen einheimisch zu werden. Unser Gefühl fordert von einem Menschen, der unserm Herzen werth seyn soll, daß ihn die Welt, die uns umgiebt, interessire; ist es einem Menschen zur Gewohnheit geworden, sich derselben zu entziehen, so gehört er in eine andere Welt, unser Gefühl erkennt in ihm keinen Menschen, wir fühlen uns nicht mit ihm verwandt.

Ist vollends der Ausdruck von Schwärmerei so beschaffen, daß er leidenschaftliche Empörungen des Gemüths ankündigt, so vernichtet er beinahe alle Wirkungen der Schönheit. Der Betrachtende wird durch ihn unfähig gemacht, dasjenige leichte Spiel der Einbildungskraft und des Verstandes zu unterhalten, welches außerdem die Form bewirken würde; und dann verliert offenbar auch dadurch der Ausdruck der moralischen Liebenswürdigkeit des Mannes.

So lange der Schwärmerische uns nur als ein Wesen erscheint, welches seine Reverien unterhält und liebt, kann er uns liebenswürdig seyn; so bald wir aber ahnden müssen, er sey fähig auch nach ihnen zu handeln, und zwar leidenschaftlich zu handeln, so wird er uns gewissermaßen furchtbar.

Mancher junge feurige Mann glaubt sich durch die Vergnügen der Phantasie gegen den sparsamern Genuß reeller Freuden einer Welt, wie diese, zu entschädigen, aber sein Genuß ist Honig am Rande des Giftbechers; wenige Augenblicke freut sich die Seele am Glanzspiele überspannter Einbildungen, und trauert dafür Stunden, Tage lang in finsterer Schwermuth. —

Ekstasische Schwärmereien erzeugen hohe unübersehbare Wünsche und an die Region dieser gränzen die Gefilde der Unzufriedenheit, des Mißmuths und der Unthätigkeit. Denn auch selbst das Gute, das ihm wirklich zu Theil wird, das aber unvermuthet kommt, wird kalt und undankbar aufgenommen, weils nicht in dem Plane seiner Wünsche lag, weils von der Nähe herkam, und nicht mit außerordentlichen Umständen begleitet war.

In einem Menschen, dessen Seele lange Zeit in diesem Zustande schwebt, muß sich daher der physiognomische Zug dieses Grades von Schwärmerei dem physiognomischen Zug der Verrückung nähern. —

Frauen müſſen die Wirkungen des phyſiognomiſchen Ausdrucks einer ſo übertriebenen Schwärmerei in dem Kopfe eines Mannes weit empfindlicher fühlen, als die Männer. Im Allgemeinen hängt ihr Herz mehr an der wirklichen Welt, als das der Männer, und ihre Beſtimmung bringt es mit ſich, daß ſie einen regen und weichen Sinn für die Gegenwart haben, und ſich auch für kleine unbedeutend ſcheinende Verhältniſſe derſelben mit einer gewiſſen Lebhaftigkeit intereſſiren.

Sie können zwar eine ganz gleiche Anhänglichkeit an Welt und Gegenwart vom Manne nicht fordern, allein eben ſo wenig kann ſie ein Mann anziehen, deſſen Geſichtsbildung einen einſam in ſich verlornen, kalten Fremdling für die wirkliche Welt, ankündigt. Sie ahnden, daß ein Mann von ſolcher Geiſtesſtimmung kein Weib durch einige Theilnahme und Gemeinſchaft der Herzen befriedigen könne; ihr Gefühl verurtheilt ihn alſo als ein entartetes Kind der Natur.

Sie ſind zu einen ſolchem Urtheil vollkommen befugt, denn mit Recht legen ſie ihren Urtheilen über die Männer, als Maaßſtaab, die Frage unter: ob und in wiefern wohl ein Weib durch innige physische und sittliche Gemeinschaft mit diesem oder jenem Manne glückseelig seyn könne oder nicht? Und dieses Princip schwebt ihnen auch, obwohl oft nur in dunkeln Gefühlen vor, wenn sie über den Ausdruck einer männlichen Gesichtsbildung urtheilen. —

Mit ganz andern Forderungen wenden wir uns an den Ausdruck der Schönheit im weiblichen Physiognom; wir gestehen nur denen den Preis der Schönheit zu, in deren Gesichtsbildungen Empfindung, Sanftmuth, Wohlwollen, Bescheidenheit und Schamhaftigkeit in einander verschmolzen das Total des Ausdrucks der weiblichen Schönheit machen. Wir mögen nun das Gegentheil dieser Eigenschaften ahnden, oder sie selbst mögen erkünstelt seyn, so muß jedes hohe Interesse vermindert, wo nicht ganz vertilgt werden, das uns so innig an die weibliche Natur fesselt.

Nach diesen in der Weiblichkeit gegründeten Forderungen lassen sich

Die innern und äußern Fehler, welche die Schönheit der weiblichen Natur zerstören, leicht bestimmen.

Die Philosophie der Frauen ist nicht Vernünfteln sondern Empfinden. Wer aber zu viel denkt, behält keine Zeit und keine Kraft zum Empfinden; und denn die Gesichtsfalten, das ernste Gepräge der Philosophen auf der Stirne der Frauen, welch unausstehlicher Kontrast! —

Der Endzweck der gelehrten Weiber, durch ihr Wissen zu gefallen wird nie erreicht; der Mann der es mit ihnen nicht aufzunehmen wagt, macht sie lächerlich, und der gute Kopf drängt sich selten zu ihnen.

Gelehrte Frauen werden meistens egoistisch, rechthaberisch, sie können keinen Widerspruch dulden; sie sind daher nicht selten in Gefahr, in den Fall jener Kammerjungfer zu gerathen, die bei Gott schwur, daß sie eine Atheistin sey.

Alle Frauenzimmer müssen lesen, um durch einen gebildeten Verstand die Männer besser zu unterhalten, besser zu verstehen, mehr Abwechselung in die häußlichen Freuden zu bringen. Sie müssen freylich lesen, um davon sprechen zu können, nicht aber um mit imponirender Auskramung ihre Freundinnen und die Männer zu verdunkeln; sie müssen aufgeklärt aber nicht schulgelehrt seyn.

Eben so unverträglich mit der weiblichen Schönheit ist die Affektation; sie ist entweder Grimasse der guten Lebensart, Ziererei, oder Grimasse des feinen Gefühls, Empfindelei; jene entsteht aus Furcht gegen die Etikette zu verstoßen, oder aus Begierde zu gefallen, diese aus Heuchelei oder aus übertriebener Eigenliebe; beide entstehen aus Einer Quelle — aus der thörigten Nachahmungssucht.

Die Sprache der Affektirten ist gesucht und fließt nicht; ihre Ausdrücke sind entlehnt, ihre Mienen, Geberden, Stellungen gezirkelt, und doch unharmonisch; ihre Gedanken oberflächlich.

Ihre Toilette zu machen ist ihr einziges und wichtigstes Geschäft; ihr Anzug ist übertrieben, bunt, überladen, schimmernd, unharmonisch, ausgezeichnet; man sieht ihr das Gesuchte vom Kopfe bis zu den Füßen an

Zuschnitt, Falte und Verbrämung an; man sieht ihr das Aengstliche an, daß nicht genug Augen sie begaffen, nicht genug Ohren sie belauschen mögen.

Wo andere empfinden, da empfindelt sie, wo andere warm werden, bleibt sie kalt, wo andere handeln, da schwatzt sie. Sie moralisirt, aber nur aus Gewohnheit und aus Büchern.

Es ist unmöglich die tausend Herz=Kopf= und vernunftlosen Prätensionen namhaft zu machen, wodurch sich ein geziertes, empfindelndes Frauenzimmer in unsern Augen ekelhaft macht.

Wie auffallend kontrastirt dagegen das Betragen eines Frauenzimmers von **wahrer, kunstloser Empfindsamkeit**; sie ist wohlanständig ohne Zeremonienton, munter ohne gaukelnde Flatterhaftigkeit, naiv und offenherzig ohne Unbescheidenheit, artig ohne Zwang, gesprächig ohne Petanterei, höflich ohne schwülstigen Wortkram.

Ihre Sprache fließt natürlich und unbefangen vom schönen Munde; ihre Ausdrücke sind originell, passend; ihre Mienen, Gebehrden

den und Bewegungen sind leicht und wohlanständig, nicht geschraubt, nicht abgemessen, und harmoniren mit dem Ganzen, ihr Gang ist natürlich, lebhaft und ungezwungen, ohne Nachahmungssucht.

Ihr Anzug ist reinlich, spielt in sanften Farben und karakterisirt ihre eben so sanfte Seele; sie will durch ihn gefallen, aber nicht glänzen.

Ihre Gedanken sind selbst gedacht, und tragen das Gepräge eines leichten unverschrobenen Geistes an sich, der sich nicht einengen, nicht zwingen läßt, sondern der sich zeigt wie er ist.

Ihre Unterhaltung ist hinreißend, voll Grazie, mit gesundem Menschenverstande gewürzt, witzig, lebhaft, offen, ungezwungen, voll Kraft, Natur und Sinn.

Im Urtheilen ist sie bescheiden, im Entscheiden schüchtern, im Moralisiren nicht spitzfindig, im Sprechen klar, kernhaft naiv, ohne Zwang, bei Geständnissen offenherzig, beim Widerspruch gelassen, nirgends vorlaut, voll Gefühl, glühend für die gute Sache und doch nicht empfindelnd.

Was sie spricht versteht sie, was sie nicht versteht davon spricht sie nicht; sie ist bereit allem, nur ihrer Weiblichkeit nicht zu entsagen. Sie deckt ihren Mangel an gründlichen Kenntnissen herzlich gerne auf, da sie überzeugt ist, daß der Denker von ihr nichtmehr fordert, als daß sie **denkt, fühlt** und aus **Erfahrung und Grundsätzen** handelt.

Wahre Empfindsamkeit ist immer Thatenreich, so oft es die Umstände erlauben; Empfindelei hingegen immer müßig, außer in solchen Fällen, wo es gilt zu zeigen, wer man sey. Da wird man sogar bemerken, daß die letztere es der ersteren bei weitem zuvorzuthun pflege.

Die Ursache davon ist augenscheinlich. Die Empfindsame fühlt sich gedrungen; sie handelt also weil sie muß, aber auch nicht mehr als sie muß, weil ihr nicht darum zu thun ist gesehen zu werden, sondern nur sich selbst zu befriedigen.

Die Empfindelnde hingegen fühlt sich nicht gedrungen, möchte aber doch gern die Gedrungene spielen, kennet daher weder Maaß noch Ziel, und übertreibt alles aus

Furcht weniger zu thun, als zur Behauptung seines angenommenen Scheins nöthig ist; sie stellt sich nie ungebehrdiger als in solchen Fällen; wo sie durch augenscheinliche Unmöglichkeit von der Verbindlichkeit zu handeln frei gesprochen wird; da hört man sie jammern und winseln, die gutherzige Seele, daß sie so ganz und gar nichts thun könne, um ihrem theilnehmenden Herzen Luft zu machen.

Aber die Natur, der sie Zwang anthun wollen, diese überspannte verschrobene Geschöpfe, rächt sich an ihnen. Sie werden den Männern, die ein so dringendes Gefühl, für Einklang in der Natur, der Weiblichkeit haben, unausstehlich. Man flieht und persiflirt sie, und vergißt bei einem kunstlosen Landmädchen die falschen geborgten Reize der verschrobenen Städterinn.

Unbekannt mit den schlauen Künsten der Mode, ungefesselt von den willkührlichen Gesetzen des angenommenen und eingebildeten Wohlstandes, steht es da, das unverdorbene Mädchen der Natur, sittsam und holdselig, in jungfräulicher Schönheit,

F 2

mit der Miene von Unschuld im Antlitz, mit herabgesenktem Blick. —

Ein freundliches ungezwungenes Lächeln, das allen Muskeln des Angesichts die vortheilhafteste Richtung, Lage und Spannung, allen Linien und Zügen die sanfteste Wölbung und Biegung giebt, verbreitet sich liebreich über ihre Wangen, umschwebt ihre Lippen und verkündet die Sanftmuth ihrer Seele.

Und weil sie eben vor Männern da steht, so schießt eine Blutwelle schnell vom reinen Herzen ins Angesicht, verbreitet auf den Wangen die schöne Röthe der Schamhaftigkeit, das hohe Gepräge unentweiheter Gefühle, die allmählig in ein röthliches Weiß zerfließt, wodurch neues Leben und Bewegung in die ganze Bildung übergeht; und eben dadurch drängt sich auch mehr Feuchtigkeit nach den Augen, und es stralt in desto reizenderem Glanze. So malt sich wie in einem hellen Spiegel ihre ganze schöne Seele.

Frei und lockig wallt das Haar um ihren Nacken, in täuschenden Falten fließt das Gewand zur Erde, verschiebt, umpolstert und verzerrt die schönen Umrisse und Formen nicht, bedeckt sie nur, und erhebt sie mehr.

Ihr Körper ist nicht in ein steifes, gezwungenes Gehäuse gekerkert; sondern frei, natürlich, nirgends gepreßt und zusammengedrückt. Der Busen ist nur halb verhüllt, doch nicht entblößet.

Wie hier jeder Muskel ungehindert wirkt, sein Schwellen und Fallen sichtbar, jene Bewegung rein ausgedruckt, vervielfältigt und verschönert wird.

Welches Ebenmaaß, Verhältniß, welche Regelmäßigkeit, Uebereinstimmung der Theile mit dem Ganzen, Zusammenhang, Ordnung; welche Richtigkeit in dem ursprünglichen Bau, der Anlage und der Ausbildung; welche vertrauliche Zusammenwirkung zum gemeinschaftlichen Endzwecke!

Welche Schlankheit des Wuchses, welche sanfte Rundung im Gliederbau, und in diesen Gliedern, welche Leichtigkeit, welche durchschimmernde Allmählichkeit; wie jede leichte Rührung, die in ihren zarten Nerven bebt, auf der Oberfläche leise hinschwebt, und daselbst ihre innerste Empfindung sichtbar macht!

Welch eine schöne mannigfaltige Mischung von Farben, die stufenweise abwechseln, zusammenstimmen, sich wechselseitig auflösen und erhöhen, sanft und unmerklich in einander verfließen, und im Betrachten die wonnigsten Empfindungen erwecken.

Der Eindruck, den eine solche Schönheit auf uns macht, muß ewig unauslöschlich bleiben und selbst ihr Andenken noch von den seeligsten Gefühlen begleitet seyn.

Man denke sich das namenlose Glück eines Mannes, dem ein solches Mädchen zur Gattin ward! Welche seligen Gefühle müssen ihn da ohne Ende durchströhmen, wenn er die Schönheit überhaupt in allen ihren Entwickelungen, Abwechselungen, Nuancen, Erhöhungen, in allen ihren mannigfachen Wendungen, Lagen, Farben und Gestalten, immer vor sich erblicket, sich daran ergötzet, sein Auge weidet, unaufhörlich genießt, sein eigenes Selbst desto besser empfindet, sich in seiner Gattin fühlt, überfließt, vereinigt, durch sie in die grenzenlose, glückliche Nachkommenschaft freudig hinüber schaut, sich selbst in seinen Kindern, in seiner Gattin verjüngt erkennt und immer voll Himmel, voll Seeligkeit, voll überschwenglicher Wonne in süßem Entzücken dahin lebt! —

Hier dringt sich wohl jedem die Frage auf, woher all' dieses zauberische Wesen in der Weiblichkeit? —

Woher ward dem Mädchen, dem Weibe dieser hohe Adel der Schönheit?

Hat es diese himmlische Grazie vielleicht an der Toilette, bei einer klugen Tante, bei einer hocherfahrenen Matrone, bei einer galanten Französin studirt, oder hat sie solche von einem geschmeidigen Tanzmeister erlernt?

Wahrlich, sie hat sie nirgends erlernt, in ihrem edlen Anstande blickt nichts erlerntes hervor; Natur spricht aus ihrem ganzen Wesen, und Natur läßt sich nicht lernen.

Sie liebte die kunstlose Natur und ward wieder von ihr geliebt. Die Natur legte das feine hohe Gefühl für Schönheit in ihre empfängliche Seele; und in welchem weibli-

F 4

chen Weſen läge wohl nicht dieſer ſo wohlthätige Trieb nach Verſchönerung! —

Kein heidniſcher Damon erſtickte, ſtörte
dies Gefühl des Schönen, gab ihm eine fal-
ſche Richtung, in ſeiner Entwickelung, in ſeiner Erweiterung, in ſeiner tieferen Grün-
dung; die äußern Umſtände befruchteten vielmehr den jungen Keim, und vollendeten zur
herrlichſten Glorie, was die mütterliche Natur angelegt hatte.

Indem von einem Bilde des vorüberge-
henden Affekts des Schönen, der anmuthige
Ausdruck in ihrer Geſichtsbildung zu einem
Bilde des bleibenden Karakters erhoben, indem derſelbe auf dieſe Art allmählig nicht
blos von einer Seite, ſondern von allen har-
moniſch ausgebildet ward, ſo tragen nun alle
Empfindungen, die im Innern erregt werden,
das harmoniſche Gepräge der Natur und des
reinen erhöheten Sinns für dieſelbe, welches
uns ſo unwiderſtehlich bezaubert.

Wir ſollen unſere Natur alſo durch Bildung verſchönern; wir ſollen nicht rohe Natur bleiben; was iſt es denn anders als Kunſt
wodurch wir dieſes erreichen können?

Immerhin nennen sie ihre Bildung Kunst; aber ihre Bildung darf der Kunst nichts zu danken haben, sie muß keine Manier, sie muß das f r e i e Werk ihrer Natur seyn.

Natur ist weiter nichts als die große Kunst keine Manier zu haben, und für diese große Kunst, wenn Sie so wollen, giebt es nur eine einzige Schule, eine Schule, die Ihnen allen offen steht: D i e   S c h u l e ,   w o   S i e s c h ö n   d e n k e n   u n d   s c h ö n   e m p f i n d e n   l e r n e n.

Und wenn in dieser Schule ihre Menschheit zur Zeitigung gelangt; wenn durch die bildende Kraft Ihres Geistes das Werk der Regel in Natur übergegangen, schöne Kunst und schöne Natur eins ist, dann treten Sie hin in den Glanz der Welt, schmiegen Sie sich in die Fesseln des konventionellen Umgangs, beugen Sie sich unter das tyrannische Joch der Mode, die Grazien werden Sie überall begleiten, und der allmächtige Zauber ihrer kunstlosen Weiblichkeit wird alle Sinnen und Herzen an sich reißen. —

Mannichfach und zahllos sind die Wege, auf denen der Trieb nach Verschönerung be-

F 5

lebt, geleitet und veredelt wird; hier ist es mir nur erlaubt, auf ästhetische Erziehung blos aufmerksam zu machen, nur die allgemeinen, aber doch

Die vorzüglichsten, und sichersten Mittel weibliche Schönheit in ihrer erhöheten Vollkommenheit darzustellen,

im Vorbeigehen zu berühren.

Die Natur webte in das weibliche Wesen eine hohe ästhetische Reizbarkeit, um es auf jene Stufe zu heben, wo es im Stande ist, durch die größtmöglichste Summe von angenehmen Empfindungen das Glück des Mannes und eben dadurch die allgemeine Absicht der Natur zu befördern, welche das Glück der Menschheit durch die innige Vereinigung beider Geschlechter verschönern wollte.

Das Mädchen soll von selbst seine individuelle, eine für sich passende Stimmung erhalten, und wo ist dies besser möglich als in den offnen freien Scenen der Natur, wo das Auge überall von der unendlichen Mannigfaltigkeit der Farben, die in die lieblichste Harmonie verschmelzen, und in jedem gefällgen Ton gestimmt sind, umgeben wird, wo überall Ordnung und Uebereinstimmung verbreitet ist, wo jede Art des Gefühls des Schönen und Erhabenen rege gemacht, geübt, verfeinert, erhöht, berichtigt und tief gegründet wird? —

Dies ist der erste Schritt die Sinnlichkeit zu veredeln und in ihr die Empfänglichkeit für reinen Genuß und das Bestreben nach Verähnlichung mit diesen Schönheiten, zu erwecken. Denn was alsdann nicht mit ihrem richtigem Gefühle von Wahrheit, Ordnung und Harmonie übereinstimmt, was nicht das deutliche Gepräge der kunstlosen Natur an sich trägt, wird ihr mißfallen, weil es nicht jene angenehme Empfindungen in der Seele hervorbringt, welche die Schönheiten der Natur so allgenügsam einflößen.

Ist so das sanfte Mädchen mit der zwar leisen, aber für empfindsame Seelen so verständigen Sprache der Natur vertraut worden, ist ihre Phantasie mit den anmuthigsten Bildern angefüllt, ihr Empfindungsvermögen erhöht, ihr Geschmack verfeinert und ihr Herz von den zärtlichsten und edelsten Gefühlen durchdrungen worden, so ist es Zeit, sie der höhern Philosophie des Schönen, den schönen Künsten und Wissenschaften einzuweihen, und sie mit der verschönerten Darstellung der Natur bekannt zu machen.

Jetzt ist es Zeit, ihren Verstand mehr zu schärfen, ihre Einbildungskraft von neuem zu beleben und ihr Gedächtniß mit nützlichen Kenntnissen zu bereichern; jetzt muß der Grund zu den liebenswürdigsten Gesinnungen, zur Neigung und zum Eifer für die Tugend und Rechtschaffenheit, für das Edle und Erhabene erregt, und ihr verfeinerter Geschmack in solche Wirksamkeit gesetzt werden, daß er sich über die ganze Art zu denken und zu empfinden und über ihren ganzen Karakter verbreitet, der ihrer Schönheit jene reizende Anmuth, ihrer Tugend jenen hohen Werth giebt.

Man führe sie hin vor die Meisterstücke der Kunst, und lasse sie aufsuchen, was schön, edel und groß ist, wie alle diese Eigenschaften versinnlicht und verschönert dargestellt sind, um jeder Vorstellung des Schönen eine sinnliche Anschauung zu geben, und dadurch ihre

Seele desto lebhafter zu rühren, und die Feinheit ihre Sinne zu erhöhen.

Man lege ihnen die großen Beispiele der Menschenliebe, der Zärtlichkeit, der Freundschaft, der Dankbarkeit, der ehelichen Liebe und Treue, und weiblicher Tugenden so nahe vor's Auge und so warm an's Herz, daß sie dieselben lebhaft empfindet, und zur Nachahmung hingerissen wird.

Ist jener eingehauchte Geist der Natur nun einmal lebendig, ist ihr Herz durch die immerwährende Betrachtung des Schönen durch die Bekanntschaft mit den besten Werken der redenden Künste, durch ihren Umgang mit edel gebildeten Menschen, zur Empfindung des Schönen und Guten gewöhnt, so wird sie in allen ihren Handlungen und allen Verrichtungen ihres Lebens von einer geheimen innern Stimme gelehrt werden, was bei einem jeden Vorfalle, an jedem Orte, in jedem Verhältnisse schön, gut, edel und wohlanständig ist, und wie die Tugend selbst bezaubernd werden könne?

Und durch diese feine Art, mit welcher sie die Pflichten einer Gattinn, einer Mutter, einer Hausfrau verrichtet, wird sie selbst diesen Pflichten einen neuen Werth geben. Sie wird sich munterm Scherz überlassen, ohne zu beleidigen, sie wird tadeln, ohne mürrisch oder zänkisch zu seyn, sie wird von andern sprechen ohne zu verläumden, sie wird befehlen, ohne gebieterisch, sie wird wohlthätig ohne ruhmredig zu seyn.

Dieses feine Gefühl für alles, was natürlich, frei, edel, groß, was schön und nicht schön ist, das ihre Seele so tief durchdrungen hat, dieser wahre Geist der Verschönerung begleitet sie allenthalben, sowohl am Putztische als in den Geschäften des Hauses, sowohl im Umgange mit ihrem Geliebten als in der Gesellschaft guter Freunde und Bekannten.

Wie leicht muß es nicht einem Frauenzimmer werden, unter den wohlthätigen Einflüssen dieses Geistes, ihre Schönheit sichtbar darzustellen, und diese Darstellung bis zur Grazie zu erhöhen, und eben dadurch das Herz des Mannes unwiderstehlich anzuziehen.

Vorzüglich bieten die schöne Künste die für erhöhete Darstellung weiblicher Schönheit günstigsten Mittel dar, und machen das Frauenzimmer aufmerksam, wie es die Kraft seiner natürlichen Schönheit verstärken und vervielfältigen, und eben so mannigfaltige Abwechselung als Neuheit von angenehmen Empfindungen in dem Manne hervorzurufen im Stande ist.

Die zeichnenden Künste stellen ihr die sichtbaren Formen in verschönerter Gestalt dar. Ihr Auge entdeckt da die schönsten sanftesten, wallenden Umrisse, die ihre Seele in eben so sanfte Bewegungen setzen, die schönsten Verhältnisse und das richtigste Ebenmaaß in allen Gliedern, und sie sieht zugleich den Geist und das Leben, welches dem Künstler in todte Formen einzuhauchen gelang.

Stärker und lebhafter geschieht dieses in den Werken der Mahlerei, indem daselbst die Kraft der Formen noch mehr Nachdruck und erst ihre volle Wirkung von dem Kolorit bekömmt, wodurch jene vollkommene Täuschung eines lebendigen Gegenstandes erreicht wird.

Die sanften und angenehmen Gefühle, die sonst nur einzeln und allmählig in dem

Herzen entstanden, müssen jetzt bei dem Anblicke vereinigter Schönheit in größerem Maaße erweckt werden, und sie mit der sanftesten Wollust überströmen, wodurch ihr Geschmack am Schönen tief und unvertilgbar gegründet wird.

Hierbei wird das Auge an schönen Formen und Gestalten geübt: das Gefühl für Uebereinstimmung, Ordnung und Einheit in der Mannigfaltigkeit wird verfeinert und geschärft, und indem der Künstler alle guten und schlimmen Eigenschaften des sittlichen Menschen auch dem körperlichen Auge sichtbar zu machen und dadurch Karaktere, Bestrebungen der innern Kräfte, Empfindungen darzustellen im Stande ist, so wird das Gefühl des sittlich Guten, das Bestreben nach Vollkommenheit und Verähnlichung zu seiner lebendigsten Kraft emporgehoben.

Dieser Anblick so vieler und vollkommener Schönheiten, und die damit verbundene Aufmerksamkeit auf sich selbst, erwecket endlich den reinsten Begriff von Schönen, jenes Ideal von Schönheit, das nun bei jeder

Ver=

Veranlassung vor der Seele schwebt, und überall zum richtigen Maasstabe des Schönen dient.

Man führe nun diese veredelte Schülerinn der schönen Natur, die voll von den schönsten und richtigsten Formen und Gestalten, voll von Harmonie der Farben, und der verschönerten Darstellung der Natur ist, in die Gesellschaft gut erzogener Menschen, die sich im gesellschaftlichen Tanze üben und belustigen, oder in das Schauspielhaus zu den theatralischen Tänzen, und lasse sie daselbst bemerken, wie jetzt in diese schöne Formen und Gestalten, Mannigfaltigkeit der Bewegung durch vervielfachte Stellungen, hineingebracht wird; wie bald sanfte Gefälligkeit, bald edler Anstand, bald muthwilliger Scherz, bald liebevolle Anmuth, bald hüpfende Freude, die schönen Glieder, jeden Muskel leichter hebt, und sanfter schwellt, jeden Theil im schönsten Gleichgewichte hält; und der Geist des Frohsinns mit vereinigter Grazie des Ausdrucks, über der Versammlung schwebt, und verjüngtes Leben über alle Gesichter verbreitet.

G

Von hier geht nun der Weg in das Schauspiel und in die Oper, wo sie in diesen schönen Gestalten noch eine sanfte Rede, einen rührenden Gesang und Vervielfältigung des Ausdrucks mit schönen Bewegungen und mit den edelsten Anstande begleitet sieht; und hier muß ihre Empfindsamkeit zu dem Grade erhoben werden, der zur Vollendung weiblicher Schönheit erfordert wird.

Der wahre Geist der Verschönerung muß nun lebendig in ihrer Seele wirken, und seine Wirksamkeit über alles verbreiten, was nur immer mit ihr in Verbindung steht. Schöner und reiner wird ihre von den Lippen fließen, und ihrer Stimme Wohlklang derselben neue Kraft verleihen. Ihr Gesang wird so sanft und harmonisch, so rührend und bebend in unsere Seele dringen, und unser Herz ergreifen; alle ihre Bewegungen, Stellungen und Gebährden werden mit lieblichen Anstand und mit unwiderstehlichem Zauber begleitet seyn.

Selbst ihr Anzug, ihr Putz, die unbedeutendste Kleinigkeit wird jetzt unter ihren Händen einen höhern Werth und einen neuen

Reiz erhalten, der uns mit süßer Gewalt anzieht und fesselt. —

Die ästhetische Erziehungskunst wird also ungefähr folgenden Gang nehmen. Erstlich muß man das junge Mädchen im Zeichnen üben lassen, dadurch bekömmt sie einen richtigen und feinen Geschmack in Beurtheilung der Formen und schönen Umrisse, ihre Phantasie wird gleichsam mit sanften Modellen angefüllt und verschönert, wodurch sie nothwendig auch auf die Schönheiten der Natur und Kunst aufmerksamer und zur Empfindung derselben geschickter gemacht wird, welches unfehlbar ihr Herz verbessert und ihre Gemüthsart gefälliger macht.

Zweitens muß man das Mädchen von Jugend an durch die Tanzkunst zu schönen Bewegungen, Wendungen und Stellungen, und zu einem edlen Anstande gewöhnen. Hierdurch wird dem Willen die Herrschaft über seine Werkzeuge verschafft, die Hindernisse werden hinweggeräumt, welche die Schwerkraft dem Spiel der lebendigen Kräfte entgegen setzen; es wird mehr Leichtigkeit, Gelehrsamkeit, mehr Gleichgewicht und ein gewisses allmähliches in einander Fließen der Glieder hervorgebracht, wodurch der Körper erst wahrhaftig schön und zur Darstellung körperlicher Grazie geschickt gemacht wird. Aber entläßt der Tanzmeister den Lehrling aus seiner Schule, so muß die Regel ihren Dienst schon geleistet haben, sie muß ihn nicht in die Welt begleiten, das Werk der Regel muß in Natur übergegangen seyn.

In guten Schauspielen wird man alsdann die Schülerin auf den vielfachen Reiz der Abwechselung in Stellung und Bewegung, auf die eigentliche Grazie des Ausdrucks durch schöne Mienen im Gesichte, und auf den Ausdruck der verschiedenen Karaktere aufmerksam machen. —

Aber ohne vorhergegangene Einweihung in die Philosophie des Schönen, ohne den herrschenden Ausdruck der verschönerten Natur verstehen und würdigen zu können, wird das Besuchen der Schauspiele durchaus unnütz seyn, es wird ihr zum bloßen Zeitvertreibe und ein Mittel gegen die Langeweile seyn; sie wird die schönsten und vortreflich ſten Werke der Kunſt, wie eine ſchöne Dekoration, mit gaffendem Blicke betrachten.

Ohne wahres Gefühl für das Schöne ſind Schauſpiele mehr ſchädlich als nützlich; die Ideen werden überſpannt, das zarte Gefühl artet entweder in grämliche Empfindelei, in naturwidrige Aeußerung von Empfindlichkeit oder in Koketterie aus.

Schauſpiele niedriger Art ſind für ſittliche Bildung und Geſchmack vergiftend.

Noch iſt Muſik und Geſang ein Hauptgegenſtand äſthetiſcher Erziehung. Beide wirken zugleich auf die Einbildungskraft und auf das Herz des Mannes, und dringen mit unwiderſtehlicher Gewalt in das Innerſte ſeiner Seele.

Durch Muſik lernt ſie allmählig ihre Empfindungen reiner und leichter auszudrücken und auf eine angenehmere und rührendere Art darzuſtellen, bis endlich ihre ganze Seele voll Wohllaut und Harmonie das Gepräge der höchſten Veredelung an ſich trägt.

Muſik und Geſang muß ſo natürlich und ungekünſtelt ſeyn, daß wir blos die reine Sprache des Herzens und den lauten Aus druck der innigsten Empfindungen zu hören und zu fühlen glauben.

Bloß das einfache Lied an sich selbst hat nicht selten in dem Munde einer schönen Sängerinn, die Kraft, in uns die sanftesten leidenschaftlichen Empfindungen zu wecken; wodurch gelingt es einer Frau wohl leichter ihren Gatten augenblicklich in die vortheilhafteste Stimmung zu setzen, ihn für die lebhaftesten Eindrücke empfänglich zu machen, und jede Empfindung, nach Willkühr, seinem Herzen zu entlocken, als durch den magischen Zauber der Musik und des Gesangs?

Wie angenehm und interessant wird oft ein Frauenzimmer der ganzen Gesellschaft durch ein einziges Lied? Wie leicht vergißt man beim schönen Gesang, daß die Sängerinn minder schön ist? Denkt man sich noch den edlen und feinen Anstand in Gebährden, Stellung und Bewegung, und den erhöheten Ausdruck der ganzen Gesichtsbildung hinzu, so kann man auf keine Weise die höchste Wirkung des körperlichen Reizes verkennen, die dadurch hervorgebracht wird.

Fühlt der Sänger die Kraft der bilder=
reichen Phantasie des Dichters, nehmen
gleichzeitig mehrere an dem melodischen Vor=
trage Theil, so werden die Empfindungen in
den Herzen wechselseitig verstärkt, erhoben zu
einer Fülle des Vergnügens, das durch kein
anderes Mittel in einem so hohen Grade zu
erreichen möglich ist.

Dies ist ein kurzer Abriß der weiblichen
Philosophie des Schönen, wie sie der Natur
und der Bestimmung des Geschlechts ange=
messen ist, und wodurch es ihm allein gelin=
gen wird, seiner architektonischen Schönheit,
diesem zweideutigen Geschenke der Natur, an
der Grazie eine Stütze und eine Stellver=
treterinn heranzuziehen, die auch dann noch
milde Früchte bringt, wenn der reizende aber
kurzdauernde Frühling der Jugend verblü=
het ist.

Zwar möchte die platonische Liebe wohl
etwas zu mystisch seyn, welche ein alter Phi=
losoph vergab, wenn er von dem Gegenstand
seiner Neigung sagte: „Die Grazien residi=
ren in ihren Runzeln, und meine Seele
scheint auf meinen Lippen zu schweben, wenn

ich ihren welken Mund küsse. Indeß sollte doch ein jedes Mädchen sich so bilden, daß einst nur allein der Hochachtung die Liebe Platz macht, und dies darf sie nur erwarten, wenn sie die eben so wahr als schön gesagte Bemerkung eines neuern philosophischen Weiberkenners: la beauté sans la grâce est un appât sans hameçon, auf das innigste beherzigt.

Zweiter Theil.

Von den Mitteln, die körperliche Schönheit zu erhalten und zu erhöhen.

Wir dürfen nicht weit suchen, um uns von der

Allgemeinheit des Verschönerungstriebes im weiblichen Geschlechte

zu überzeugen, um uns zu überzeugen, daß der allgemeine Hang zum Putz aus der Sucht zu gefallen entsteht, und daß diese auf die Geschlechtsliebe gepfropft ist.

Wenn aber der Trieb zu gefallen, wie es keines Beweises bedarf, einer der ersten und für die menschliche Gesellschaft wohlthätigsten Grundtriebe ist, die die Natur am tiefsten und am allgemeinsten in die menschliche Seele gelegt hat, so wird man den Hang zum Putz an und für sich nicht blos verzeihlich, sondern grade zu, ebenfalls ganz natürlich und selbst vortheilhaft finden müssen.

Wir werden in dem schönen Geschlecht ein ？？？？ Bestreben nach Putz, nach ？？？ zierung gewahr, welches immer, auch im Verborgenen fortwirket, wenn Hindernisse im Wege sind; ein Bestreben, welches auf alle weibliche Handlungen, Triebe und Neigungen den wichtigsten Einfluß hat, welches dieselben bestimmt, leitet, und in seiner Verfeinerung auf das vortheilhafteste berichtigt.

Dieses Bestreben nach Verschönerung äußert sich schon sehr merklich in dem kleinen Mädchen, noch ehe als Anführung, Erziehung, eigene Beurtheilung und Nachahmung den geringsten Antheil daran haben kann.

Rousseau, dieser feine Beobachter der menschlichen Natur, sagt, die kleinen Mädchen hoher den Bug, sobald sie auf die Welt kommen. Nicht zufrieden, daß sie schön sind, wollen sie auch dafür erkannt werden. Man sieht es ihren kleinen Gesichtern an, wie sehr sie dies beschäftiget. Sobald sie nur im Stande sind, einen zu verstehen, richtet die Vorstellung, was die Leute von ihnen sagen werden, mehr aus, als jede andere.

Kaum versucht das kleine Mädchen seine ersten Kräfte zum Lallen, so sehnt es sich nach einer Puppe. Diese ist ihre einzige Beschäftigung, sie schmückt sie aus, bringt unaufhörlich neue Ordnung in ihre Kleidungsstücke; und indem es seine Puppe putzt, was thut es anders, als daß es sich eigentlich selbst putzt? d. h., es sucht dadurch seinen Trieb nach Verschönerung zu befriedigen.

Aber nicht allein dieser frühe Keim in der schönen Menschenhälfte unsers Welttheils, sondern auch

Der Verschönerungstrieb bei den Weibern der rohesten Völker der Erde

bestätigt seine ursprüngliche Allgemeinheit in der weiblichen Natur.

Man darf nur bedenken, daß sich dieser Hang zur Verschönerung, wie es die Sache mit sich bringt, nach dem Begriff von Schönheit richten muß, und daß nichts relativer, veränderlicher und mehr von Zufällen abhängend gedacht werden kann, als eben dieser, um nun auch das eben so veränderliche und theils ausschweifende in den Moden, mit billigern Augen zu beurtheilen.

Die Damen in Europa sind nicht die einzigen, die sich gern putzen und verschönern; die Damen unter allen Himmelsstrichen sind den unsrigen ganz gleich, und die Toilette einer Schönen in Amerika ist oft noch zusammengesetzter, als die Toilette einer schönen Europäerinn.

Die Kleidung vieler Amerikanerinnen ist noch bunter als die Kleidung der Europäerinnen, nur daß diese Kleidung aus nichts anderm besteht als aus der Haut, die ihnen die Natur gegeben hat.

Keine Amerikanerinn würde es wagen nakend auszugehen; sie kleiden sich vorher an, das heißt, sie beschmieren den ganzen Körper mit Oehl, und mahlen Denn, nachdem es Negligee, oder Putz seyn soll, allerlei bunte Figuren auf den Körper; Reisende versichern, daß ihnen solch ein Gallakleid in der Ferne manchmal recht niedlich läßt.

Uebrigens tragen sie noch große Zähne von Fischen in ihren Ohren, die ihnen bis auf die Schultern herabhängen, denn die Mütter im Lande Laos sind sehr besorgt, den kleinen Mädchen die Ohrenlöcher von Jugend auf so zu erweitern, daß man sehr bequem eine Hand durchbringen kann.

Auch tragen sie in der Nase Ringe, die ihnen bis auf die Lippen herabhängen, und es gehört hier zu den Artigkeiten des Landes, den Mund der Weiber durch diese Ringe zu küssen. Haben sie nun noch dazu ein Halsband von Affenzähnen, und Armbänder von Muscheln, so nehmen sie es im Putze mit jeder Dame in der Welt auf.

Eine andere Nation in Amerika findet es sehr schön, wenn ihre Mädchen recht starke Waden haben, und um dazu zu gelangen, binden die Mütter den Mädchen in der frühesten Kindheit feste unzerreißliche Ringe um ter Knie und über die Knöchel, und diese tragen sie, so lange sie leben.

Unter diesen Ringen, die sehr breit sind, kann folglich das Bein nicht wachsen, weil sie den freien Umlauf des Nahrungssaftes hindern; alles Blut bleibt also in dem Theile des Beines zwischen den Ringen, und macht ihnen nach und nach eine so ungeheure dicke Wade, daß Reisende versichern, der Umfang der Damenswaden sey über alle Vorstellung, und eine solche Wade sey ein Reiz, dem ein Jüngling unter dieser Nation schlechterdings nicht widerstehen könne.

Dagegen tragen die Herren dieser dickwadigen Damen eine Federperücke auf dem Kopfe, deren Größe und Umfang eben so ungeheuer ist als die Waden der Damen.

Eine Gesellschaft dieser Nation, nackte Männer mit großen Federperücken und Mädchen mit ungeheuern Waden, gleicht vollkommen einer Gesellschaft von Franzosen aus dem sechszehnten Jahrhundert, wo die Herren ungeheure Bäuche von Kleie, und die Damen ungeheure Kuts von Pferdehaaren trugen.

Eben so wenig Gebrauch von dem Feigenblatt unserer ersten Aeltern machen die Einwohner von Neuholland. Sie gehen schlechterdings ganz unbekleidet, aber dennoch nicht ganz ungeputzt. Sie inkrustiren wenigstens den Körper mit einen schwarzen Firniß, den sie wieder mit weißen Streifen bemahlen, und knebeln sich einen fünf Spannen langen Knochen durch die Nase, der dick genug ist, um aller Luft den Weg zu versperren, so daß sie nicht anders als mit offnem Munde athmen, nicht anders als mit schnarrender Resonanz sprechen können.

Unter den Achaguas hält man es für schön, einen sehr großen Schnurrbart zu tragen, der über das halbe Gesicht wegläuft und dessen Spitzen auf dem Kinn zusammen laufen. Dieser Schnurrbart ist so gemacht, daß nichts in der Welt fähig ist, ihn wieder wegzuschaffen. Die Mutter nimmt einen Fischzahn, der so spitz und scharf, wie eine Lanzette ist; mit diesem Zahn schneidet sie die Gestalt des Schnurrbarts in die Lippen, Wangen und das Kinn ein, ohne nach dem Geschrei des Kindes zu fragen, dem man diesen

Reiz mittheilen will. Ist die Zeichnung vollendet, so trocknet man das Blut ab, streut in die Schnitte eine schwarze unvergängliche Farbe, und so ist der Schnurrbart auf Lebenszeit fertig.

Die Araberinnen färben die Arme, Lippen und andere stark in die Augen fallende Theile des Körpers dunkelblau. Sie tragen diese Farbe punktweise auf, und lassen sie mit einer besonders dazu verfertigten Nadel so tief ins Fleisch eindringen, daß unauslöschliche Merkmale davon zurückbleiben. An den Gränzen von Tunis zeichnen sich die arabischen Mädchen, zur Erhöhung ihrer Schönheit, mit einer spitzen Lanzette und Vitriol, auf dem ganzen Leibe herum, blaue verschlungene Züge.

Die gemeinen Weiber in Arabien stechen mit Nadeln Löcher in ihre Lippen und legen Schießpulver mit Ochsengalle vermischt darauf. Diese Mischung zieht sich so tief in das Fleisch, daß sie für ihre ganze Lebenszeit blaue, schwarzgelbe oder bleifarbige Lippen behalten.

Sie

Sie schwärzen auch den Rand ihrer Augenlieder mit einem schwarzen, aus Ofenbruch oder Tuzia bereiteten Pulver, und ziehen mit eben dieser schwarzen Farbe von den Augenwinkeln eine Linie nach aufwärts, um dadurch die Größe der Augen scheinbar zu vermehren; denn die Morgenländerinnen setzen überhaupt die vorzüglichste Schönheit in große schwarze, weit offen stehende, mit dem Kopfe gleich erhabene Augen.

Ein Mädchen, das unter seinen sinesischen Schwestern zu den Schönheiten gerechnet werden will, muß früh dafür sorgen, sein Auge durch ein unaufhörliches Zerren zu einer kleinen länglichen Form zu gewöhnen, es muß eine breitgedrückte Nase, lange, breite und hängende Ohren haben. Eine sinesische Schöne legt die Schminke in solcher Menge auf, daß sie schon in ihrem dreißigsten Jahre einer runzlichen Sechzigerinn gleicht. Die vornehmen Sineserinnen und Japanerinnen pressen ihre Füße mit Gewalt in eine so kleine Form, daß es ihnen fast unmöglich ist, auf denselben zu stehen.

H

So ist denn durchaus noch kein Volk unter der Sonne gesehen worden, das nicht durch irgend eine Art von Putz, die ihm von der Natur verliehenen Reize zu erhöhen, und sich dadurch liebenswürdiger zu machen suchen sollte. Ein halb dutzend Quartbände würden zu einer vollständigen Beschreibung aller Moden kaum hinreichen.

Selbst die armseligen Einwohner des traurigen Feuerlandes nicht ausgenommen, die elenden kümmerlichen Pescheräs, die, als der Uebergang des Menschen zum Thiere, geschildert werden; denn auch von diesen sieht man in der Sammlung der südländischen Merkwürdigkeiten des Göttingischen Museums ein Halsband von niedlichen schillernden Schneckchen, das bei der daran verwendeten Kunst sogar Verdacht von studierter Koketterie erwecken könnte.

Nur von den schönen Einwohnerinnen an dem Fuße des Kaukasus, den Zirkassischen Mädchen, will ich meine Leserinnen noch das merkwürdigste erzählen.

Die so allgemein berühmte Schönheit dieser Mädchen hat ihren Grund theils in dem milden glücklichen Himmelsstrich, unter dem sie geboren werden; mehr aber wohl noch in der sorgfältigen Erziehung, die bei diesem Volke fast ganz auf die Vorzüge körperlicher Schönheit abzweckt.

Die feine Haut sichern die Mütter ihren Töchtern schon in den ersten Kinderjahren durch die Einimpfung der Pocken, welche Operation bekanntlich aus Zirkassien erst nach Konstantinopel, von da nach London und Hannover und nachher erst ins übrige Europa übergegangen ist.

Die schlanke Taille zu erhalten näht man den kleinen Mädchen den Unterleib fest in einen breiten ledernen Gurt ein, der ihnen nie abgenommen, sondern blos, wenn er mit zunehmendem Wachsthum endlich platzt, mit einem andern eben so dicht anpassenden vertauscht wird. Erst wenn sie heirathen, löset ihn der Bräutigam am Hochzeitabend mit seinem Dolch.

Bei einer durch dieses Einnähen zum Umspannen schlanken Taille sind die Zirkasserinnen doch übrigens von einem blühenden vollen Fleische, was durchgehends bei den Türken zur höchsten Schönheit gerechnet wird. Das non plus ultra in ihren Augen ist, wenn sie von einer Dame sagen können: ihr Antlitz ist wie der volle Mond, und ihre Hüften wie Polster. —

Es giebt unter ihnen Mädchen mit schwarzen und welche mit blauen Augen; welche mit schwarzen, andere mit blonden, noch andere mit rothem Haar. In ihrem Vaterlande findet man diese letzte Farbe so über alles schön, daß sich auch die Blondinen ihr Haar mit besonderen Pomaden roth färben.

Sie werden übrigens von Kindheit an zu eleganten Weiberarbeiten, zu einem gefälligen Betragen und zu einem reizenden Anstand angeführt; bei diesen vielseitigen Vorzügen begreift man den hohen fast ausschließlichen Werth sehr leicht, worinn sie bei den Türken, Persern, und den vornehmen Krimmischen Tatarn stehen.

Dieser hohe Werth, die Aussicht in das blendende Glück, das diesen Töchtern an der Seite eines Sultans, Kahns u. s. w. bevorsteht, die reiche Ausstattung an nützlichen

Waaren, die die Armenischen Menschenhändler nicht den Mädchen, sondern ihren Müttern geben, ist übrigens der Grund von ihrer sorgfältigen Bildung, und macht den Müttern die Trennung von ihren Töchtern nicht blos leicht, sondern erwünscht. Freilich wird aber auch ein großer Theil dieser schönen Mädchen nicht erkauft, sondern geraubt, und das vorzüglich durch die in jenen Gegenden, auf Menschenraub herumstreifenden und wegen ihres unüberwindlichen Löwenmuths allgemein berühmten Lesghier, die dann ihre schöne Beute wieder an Armenische und Krimmische Sklavenhändler verkaufen.

Der Hauptmarkt für den Zirkassischen Mädchenhandel ist, oder war wenigstens bisher zu Kaffa in der Krimm, wo überhaupt dieses Gewerbe den beträchtlichsten Zweig des Komerzes ausmacht, und wohin eine Menge Käufer und Verkäufer zu gesetzten Zeiten zur Messe ziehen.

Unter den schönen Zirkassierinnen, welche man dem Reisebeschreiber Kleemann, während seines Aufenthalts in Kaffa zum Verkauf vorstellte, war die schönste ein Mädchen von 18 Jahren; sie hatte einen ansehnlichen Wuchs, schlanken Leib, edlen Gang, hellblondes Haar, große blaue Augen, eine etwas lange Nase und reizende Lippen, weiße schön gereihete Zähne, eine blendende Haut, einen etwas langen Hals und den schönsten Busen; sie ward ihm von dem Armenischen Verkäufer für 4000 Piaster angeboten. —

Allgemeine Mittel für das weibliche Geschlecht, Gesundheit und Schönheit zu erhalten.

So wie Liebenswürdigkeit die Bedingung der humanen Schönheit ist, so ist Gesundheit die Bedingung der architektonischen. Daher hört man so oft die Ausdrücke, ein schönes liebenswürdiges Mädchen, und ein hübsches gesundes Mädchen. Ein hübsches Mädchen besitzt blos körperliche Schönheit, in einen schönen Mädchen ist diese mit Anmuth verbunden.

Die Natur nimmt überall das wieder zurück, was sie gegeben hat, und zerstört, was sie gemacht hat; die Frauenzimmer fühlen dies in keinem Punkte mehr als bei ihrer Schönheit.

Die menschliche Weisheit besteht aber darinn, der Natur den Weg der Zerstörung so langsam gehen zu lassen, als es möglich ist, und hierzu sind die leichtesten, simpelsten Mittel von ihr selbst vorgeschrieben; es sind **Arbeit, Mäßigkeit und Ruhe der Seele.**

Arbeit! ein Mittel die Schönheit zu erhalten? Man lächelt, und doch ist es ausgemacht, daß die heftigste Arbeit der weiblichen Schönheit nicht so fürchterlich ist, als der Müßiggang, denn dieser zerstört mit der Gesundheit das, was die Damen mehr als die Gesundheit lieben, wenn es ohne sie bestehen könnte.

Der Müßiggang macht die festen Theile des Körpers schlaff und nimmt ihnen die Stärke und Festigkeit, die ihre Schönheit ausmachen, er hindert den raschen Umlauf der Säfte, wodurch sie rein von aller Schärfe erhalten werden.

Die Arme werden also schlaff, die Wangen fallen ein, die Haut verliert die lebendige schöne Farbe des Lebens, wird trocken, unrein und rauh; vergeblich wendet man alle Künste an, um die sterbende Schönheit aufs neue zu beleben. —

Der Müßiggang zerstört jene rasche Lebhaftigkeit in allen Bewegungen, die den größten Reiz eines schönen Frauenzimmers ausmacht. Das erzwungene Hin- und Herhüpfen, das einige Mädchen an die Stelle dieser natürlichen und lebhaften Leichtigkeit setzen wollen, ersetzt die Stelle sehr schlecht; die Männer verstehen sich gewöhnlich sehr gut darauf, die bloße Bewegung einer Marionette, von dem Leben eines fröhlichen, seines Lebens sich freuenden Wesens, zu unterscheiden.

So nöthig nun auch die Arbeit für Schönheit und Gesundheit der Frauenzimmer ist, so muß sie doch nur mäßig seyn. Ihre Muskeln können keine zu schwere und zu lang anhaltende Arbeiten ertragen, und die

Grazien lieben den Schweiß und den Sonnenbrand nicht. Eine zu starke Arbeit nimmt dem weiblichen Körper den weichen runden Kontour und die schöne Farbe, macht den Körper eckig, muskulös und die Haut ungleich.

Die nützlichen und nothwendigen Arbeiten, welche die Frauenzimmer als Gattinn, Mutter, Hausfrau verrichten, sind für ihre Gesundheit und Schönheit die zweckmäßigsten; denn das Gefühl, ihre Pflichten in diesen drei verschiedenen Verhältnissen des Weibes erfüllt zu haben, muß ihrer Seelen eine große Zufriedenheit geben, und diese stille fröliche Zufriedenheit wirkt mehr auf Schönheit und Gesundheit, als manche gern glauben wollen.

„Warum aber sollen wir denn gerade arbeiten? Es kommt ja nur auf Bewegung des Körpers an; wir promeniren, und da bewegen wir uns ja so gut, als ob wir arbeiteten!" —

Die Promenade ist keine Arbeit, sondern nur eine Erholung von der Arbeit. Ein Spaziergang hat die Wirkung der Arbeit nicht; denn statt den ganzen Körper und alle Muskeln desselben nach und nach zu bewegen, setzt die Promenade nur die untern Theile in Bewegung; Arme, Brust, Leib bleiben dabei unbeweglich, und die Säfte bekommen dadurch einen ungleichen Umlauf, und anstatt neues Gefühl der Heiterkeit, Stärke und Thätigkeit von der Promenade zurückzubringen, bringen die meisten Müdigkeit und Unmuth zu Hause.

Wollen Sie also meine Damen, eine lebhafte, lebendige Farbe, eine glatte fleckenlose Haut, die Rosen auf ihren Wangen, den Blitz in ihren Augen, das Volle, Runde in ihrer Gestalt, und die Größe in ihren Bewegungen lange erhalten, so sind sie gezwungen, das große heilige Gesetz der Natur: arbeite! zu erfüllen.

Und nach einer Arbeit, wobei Geist und Körper zugleich beschäftigt sind, wird Ihnen eine Promenade eine eben so nützliche als angenehme Erholung seyn, und die reine freie Luft, ein duftendes Gehölz, ein Blumenparterre werden gewiß Ihrer Seele Thätigkeit und Heiterkeit geben.

„Allein der Tanz! Im Tanze wird doch der ganze Körper bewegt, das Herz erheitert! Warum sollte der Tanz nicht für die feinere Welt an die Stelle der Arbeiten treten können?"

Sicher ist der Tanz ein Mittel die Gesundheit zu erhalten, die Schönheit noch schöner zu machen, indem er dem Körper und seinen Bewegungen eine gefällige Geschmeidigkeit und einen bezaubernden Anstand giebt; allein so wie gewöhnlich unsere Bälle und Pickenicks beschaffen sind, muß der Tanz schlechterdings die Gesundheit eher zerstören als stärken. Man denke nur an die stinkenden Dünste der Lichte, der Pomaden und riechenden Wasser, und dann an die Ausdünstung von wenigstens vierzig durch den wilden Tanz erhitzten Menschen; die Lungen sind erhitzt und saugen die vergiftete Luft in ihre feinsten Gefäße; der eingepreßte Körper, die unaufhörlich wilden Walzer, die beständig ermüdenden Quadrillen, Zugluft durch geöfnete Thüren und Fenster, und dann endlich die durch die angespannte Eitelkeit erhitzte Phantasie, wird hierdurch nicht offenbar der Körper in Unordnung gebracht, und die Gesundheit muthwillig auf das Spiel gesetzt?

Leider kann man nicht weniger Böses von der immer mehr einreißenden Beschäftigung der Damen, dem Spiele sagen. Es ist erfunden, um die Last der Langeweile und eines müßigen Lebens von sich zu verbannen, und es zerstört Sitten, Gesundheit und Schönheit auf einmal, und vielleicht fürchterlicher, als irgend etwas anders, weil bei dem Spiele Seele und Körper in dem auffallendsten Widerspruche stehen, jene von tausend Leidenschaften beunruhigt, dieser in der größten Unthätigkeit ist.

Unter allen sitzenden Beschäftigungen vermehrt unstreitig die des Spiels, die kränkliche Reizbarkeit des Körpers am meisten; der Trieb der Säfte nach den reizbarsten Theilen wird mehr verstärkt, und dadurch der Körper täglich mehr geschwächt, und das Herz zerrüttet. Denn je schwächer der Körper wird, desto reizbarer ist er, desto geschwinder und vielfältiger wirkt jeder äußerliche Eindruck, jeder gemilderte Reiz, und desto ge=

ſtörter ſind auch alle Verrichtungen und Geſchäfte des Körpers, alle Abſonderungen und Ausleerungen, und deſto unordentlicher wirken auch alle Organe.

Mit dieſer zu großen Reizbarkeit der Nerven verſchwindet die ſchöne Farbe des Lebens, die volle ſchöne Rundheit des ganzen Körpers, die Kraft der Maſchine, und an ihre Stelle tritt eine graue Farbe der Haut, eine auffallende Magerkeit und jene allgemeine Nervenkrankheiten, deren Symptome noch kein Arzt berechnet, deren Anfall noch kein Heilmittel gehoben hat.

Die Leidenſchaften ſollen der Abſicht der Natur nach nichts anders ſeyn, als ſchnelle vorübergehende Bewegungen, unfreiwillige und unwiderſtehliche Triebe unabhängig von Nachdenken, um uns bei ſchnellen überraſchenden Gefahren zu ſichern, oder andere Zwecke der Natur zu unſerm Glück zu erfüllen. Aber die Menſchen machen dieſe wohlthätige Inſtinkte und Waffen der Natur gefährlich für ſich, wenn ſie ihre Herrſchaft dauernd machen.

Die Veranlassung zu allen Ihren heftigen Leidenschaften, dieser fürchterlichen Feindinnen Ihrer Schönheit, meine Damen, liegen zu tief in ihrer ganzen Lebensart, daß es schlechterdings vergeblich ist, Mittel dagegen aufzubieten. —

Aber sie dürfen nur häuslicher werden, um in der sanften, vertraulichen, herzlichen, unverstellten und zärtlichen Freundschaft mit Ihren nahen Verwandten und wenigen aber edlen Freunden, in der Erfüllung der süßen und häuslichen Pflichten, das schöne Leben der sanfteren und besseren Leidenschaften der Liebe, der Hochachtung, des Mitleids, der Ehrfurcht, der Theilnahme zu fühlen, deren Gefühl jedes Gesicht interessant macht, und einem schönen Gesichte den Reiz und die rührende Unschuld eines Engels giebt, wenn hingegen die Leidenschaften, welche ein Leben nach der Mode hervorbringt, als Unruhe, Neid, Eitelkeit, Haß, Verachtung, das schönste Gesicht entstellen, die schönsten Züge verzerren, so kann man davon mit jenem sächsischen Hofnarren mit Recht sagen: Gott hat das Gesicht gemacht, aber der Teufel hat seine Krallen hineingeschlagen.

Der Unmäßigkeit im Essen und Trinken sind unsere Damen weniger zu beschuldigen, denn durch die gewöhnliche Unthätigkeit rauben sie sich auch selbst die Möglichkeit einmal unmäßig seyn zu können. Die Wahl der Nahrungsmittel ist indessen sehr wichtiger in Rücksicht auf Schönheit. So sind z. B. Hülsenfrüchte für sitzende Mädchen unverdaulich, blähend, versäuern und verschleimen das Blut: der Genuß vieler sauern Sachen giebt durch Austrocknung und saure Schärfe zu einer bleichen Farbe Gelegenheit; allzu süße Sachen, Zuckergebackenes häufig genossen, verursachen Schärfe und Ausschläge im Gesicht; starkgesalzene und geräucherte Speisen erzeugen eine ganz besondere das Blut auflösende Schärfe, welche die Drüsen und die Haut angreift, und einen üblen Ausschlag mit Jucken verursacht; der häufige Genuß gewürzhafter Speisen bringt eine flüchtige Schärfe ins Blut und trocknet die mildern Theile desselben aus, woher alsdann das Ausschlagen hitziger rother Flecken im

Gesichte

Gesichte entstehet; fette Speisen, Buttergebackenes, Mehlspeisen, Torten, Pasteten und andere Leckereien geben zu Verschleimungen und vielerlei nachtheiligen Verderbnissen der Säfte Anlaß, wenn sie nämlich im Uebermaaße und alltäglich genossen werden. Eben so sind die zu häufig genossenen warmen Getränke, deren Hauptwirkung allgemeine Erschlaffung ist, besonders der Thee und Kaffee, der Gesundheit so wohl als der Schönheit des Frauenzimmers höchst nachtheilig.

Ueberhaupt sind Frauenzimmern, die wenig körperlich arbeiten, viele Fleischspeisen, Gewürze und geistreiche Getränke, wegen ihrer reizbaren Nerven und schwächeren Verdauungswerkzeuge äußerst schädlich, dagegen aber Speisen aus dem Pflanzenreiche, Obst und Milchspeisen, vorzüglich zu empfehlen.

Statt des Kaffees ist dem schönen Geschlecht zum Frühstück Chokolade ohne Gewürze, ohne Eier, blos mit Wasser zubereitet, als ein nahrhafteres und weniger erhitzenderes Getränk am dienlichsten.

Rother Wein, besonders Portwein, ein Glas englisches Bier, ist das beste Getränk für das Frauenzimmer bei der Mahlzeit; außer derselben ist Wasser mit weißer Brodtrinde abgekocht, das beste, wozu man bisweilen des Wohlgeschmacks wegen ein wenig Zucker und Zitronensaft, oder statt dessen, unter ein Quart Wasser, ein Achtel guten Franzwein gießen kann. —

Der Körper eines Gesunden erfordert sechs höchstens sieben Stunden Schlaf; zu vieles Schlafen erzeugt ein dickes schleimiges Blut. Die Regel ist hier: Wer leicht verdaut, braucht weniger Ruhe zum Ersatz der verlornen Kräfte, folglich auch weniger Schlaf. Der Schlaf vor Mitternacht ist der gesündeste. Nichts ist für den Körper erschlaffender als der lange Aufenthalt des Morgens im warmen Federbette. Ueberhaupt sind Federbetten in mehr als einer Rücksicht der Gesundheit nachtheilig; Matratzen von Pferdehaaren mit einer leichten Decke, sind durchaus zu empfehlen. Schlafzimmer müssen freien Zugang von frischer Luft haben, und im Winter nicht geheizt werden. —

Außer diesen allgemeinen, die Gesundheit und Schönheit befördernden diätetischen Regeln, hat man noch eine Menge

Von besondern Schönheitsmitteln

erfunden. Indem man mit dem nicht zufrieden war, was die Natur gab, und ihr mit Gewalt etwas abtrotzen oder durch Kunst nachmachen wollte, was nur ihr freies Geschenk ist, gerieth man auf mancherlei Irrwege. —

Betrachten wir die Schönheit von ihrer medicinischen Seite, so ergiebt sich, daß drei Hauptbedingungen zu einem schönen Gesicht erfordert werden:

1. Der lebendige Reiz der weiblichen Gesichtsbildung hängt unstreitig von der größern Beweglichkeit der Gesichtsmuskeln, von der leichtern Ausdehnbarkeit der Blut- und Wassergefäße ab, hierzu tragen vorzüglich die kleinen Fettkügelchen bei, die unter der Haut, besonders in der Gegend der Wangen und des Mundes zerstreut liegen, jeden Muskel umgeben, denselben beweglicher machen, die

Haut auflockern, und zugleich die Weichheit und Geſchmeidigkeit derſelben erhalten. Die kleinen Härchen, womit die Oberfläche der Haut, wie mit dem zarteſten Pflaumen bedeckt iſt, verſtärken die Wirkung jener Lebendigkeit. Wird dieſes zarte Fett ausgetrocknet oder verzehrt, ſo iſt jedes Schönheitsmittel unnütz.

2. Ein zweites Erforderniß iſt der gute Zuſtand der Schweißlöcher des Geſichts; ſind dieſe gehörig offen, und an ihren in die Haut gehenden Spitzen etwas erhaben und locker, ſo hat das Geſicht jenes reizende jugendliche Anſehen, was es aber durch öfteres Waſchen und vorzüglich durch zuſammenziehende und verſtopfende Mittel verliert.

3. Die dritte Bedingung, worauf die Schönheit beruht, iſt ein gutes, geſundes und nicht ſtockendes Blut.

Nach dieſen unleugbaren Bedingungen der Schönheit können nun alle jene Künſte geprüft und die ſchädlichen von den unſchädlichen leicht unterſchieden werden.

Schädliche Schönheitsmittel.

sind die gewöhnlichen Schminken. *)

Es giebt bekanntlich rothe und weiße Schminke. Die gewöhnlichsten weißfärben-

---

*) Der Gebrauch der Schminke ist so alt als Eifersucht, und Bestreben, vor andern zu gefallen. Hiobs Töchter verschönerten sich schon mit einer Schminke, die aus Spießglas bereitet war. Auch die Königinn Isabel schminkte ihr Angesicht, schmückte ihr Haupt und sah zum Fenster hinaus, als sie erfuhr, daß Jehu nach Jesreel kam, und doch reizte ihn ihre Schönheit so wenig, daß er sie zum Fenster heraus stürzen ließ. 2 Kön. 9, 30. Die Griechen kannten die Schminke schon in den heroischen Zeiten; Europa entwandte der Juno ihre Schminkbüchse. Vom athenischen Frauenzimmer lernte das römische den Gebrauch der rothen und weißen Schminke: in Plautus, Ovid und Plinius findet man die genaue Beschreibung ihrer Zubereitung. Zu Cäsars Zeit schminkten sich die Brittannier

ben Mittel sind: Der Sublimat, weißer Vitriol, Perlen, Benzoe, Wismuth, Bleiweis, und hiervon vorzüglich das Kremserweis, Koboldpräcipitat, Alabaster, und weißer Puder. Roth färbt Karmin, Zinnober, Kugellack, die mit Zinnober gemachte Seife, Talch (ein venetianischer kalkartiger Stein) mit Saflor gefärbt, und die Blume der Amaranthe. Brandtwein macht auch auf eine kurze Zeit die Haut roth, wegen seiner erwärmenden und zusammenziehenden Kräfte. Die

---

mit einer himmelblauen Farbe. Katharina von Medicis brachte zuerst die Mode der Schminke nach Frankreich, von da kam sie bald, besonders unter Ludwichs XIV. Regierung, an die übrigen europäischen Höfe. — Die Schminkpfläſterchen ſtammen von den schwarzen Mälern her, welche die Araber und Perser für eine Schönheit hielten; wer nun keine solche schwarze Mäler im Gesichte hatte, der suchte sie durch schwarze Pfläſterchen zu ersetzen. Vermuthlich ist die Mode durch die Kreuzzüge nach Europa gekommen.

Haare, Augenbraunen und Augenwimpern werden mit kalcinirtem Kupfer schwarz gefärbt. Die Namen, welche die Parfumeurs ihrer Komposition geben, als Rouge à la Reine, oder Rouge vegetal, aus Talch und Saflor, Rouge de Portugal, aus Karmin und Talch, Blanc de perles, u. s. w. *) sind bekannt.

Wenn man die Wirkung dieser Mittel auf den menschlichen Körper beurtheilt, so wird sich leicht ergeben, daß einige davon die Haut reizen und angreifen, andere hingegen dieselbe zusammenziehen. Das erstere thun die Mittel von Queckfilber, Kobold, Kupfer; das letztere Vitriol, Blei, Brandwein, einige nur in einem größeren Grade als die andern. Besonders saugen die kalkartigen Schminken das feine Oehl in sich, welches die unzähligen unter der Haut liegenden Talgdrüschen absondert, wovon eigentlich der schöne Teint entsteht.

---

*) Perlen werden selten oder vielleicht jetzt gar nicht mehr zur Schminke verbraucht.

Mittel aber, welche die Haut reizen, anfressen, zusammenziehen, machen sie nicht feiner, nicht glatter, nicht weißer, kurz nicht schöner, sondern schwarz, rauh, hart, uneben, runzlich, gelb, blau, zuweilen roth.

Eine andere schädliche Wirkung der Schminke ist, daß sie, naß oder trocken aufgerieben, die feinen Poren der Haut verstopfen, und also die unmerkliche Ausdünstung verhindern. Das was aber als unmerkliche Ausdünstung oder als Schweiß aus der Haut hervorquillt, ist unserm Körper nicht mehr dienlich, und wird daher vom Blut abgesondert.

Daher erkranket der Mensch, wenn diese Unreinigkeiten im Körper zurückgehalten werden. Der verhaltene Ausdünstungsstoff wird schärfer, reizt vorzüglich die Nerven des Kopfs, bewirkt zugleich Reize auf die Nerven der Augen, der Zähne, daher das beständige Kopfweh. Die Schwindel und Vapeurs, die Mattigkeit und der gleichsam entseelte Blick der Augen, der marternde Zahnschmerz herrschen epidemisch unter den sich Schminkenden. Die Haut muß wegen des ihr entzognen feinen Oels alle Geschmeidigkeit verlieren, rauh werden, in mehlige Schüppchen zerspringen, abwelken, und in unförmliche Ringeln zusammen schrumpfen, die in dem menschlichen Gesicht ein widriges Ansehen machen, wenn hingegen jene Falten, die das Alter auf dem Gesichte gezogen hat, demselben eine gewisse Würde geben. —

Ferner werden durch das Aufreiben solcher Schminkpulver die feinen Hautwärzchen abgestoßen; die Natur erzeugt wieder neue, die aber viel gröber und stärker sind, als die ersten, und daher der Haut eine schwülige Dicke und Härte geben.

Allein nicht blos durch den unmittelbaren ätzenden, zusammenziehenden und austrocknenden Einfluß auf die Haut schaden die Schminken, sie gelangen auch auf mancherlei Wege ins Innere des Körpers. Um sich zu überzeugen, daß die Haut mit einer Menge Einsaugungsgefäße versehen ist, darf man sich nur in einem Absud von Rhabarbar baden, oder Kampfer, Moschus, Knoblauch in die Haut reiben; man wird bald am gelben Harn, bald am übelriechendem Athem bemerken, daß diese Dinge durch Einsaugung in das Blut übergegangen sind. Eine Salbe von Quecksilber auf die Haut gerieben verursacht wankende Zähne, süßlich riechenden Athem, Speichelfluß u. s. w.

Da nun die Schminke auf die Mündungen der Gefäße gerieben wird, so kann es nicht anders seyn, als daß etwas davon eingesogen, und in die Masse des Bluts übergehen sollte. Schminken also, welche aus Blei, Wismuth, Zinn, Quecksilber verfertigt sind, verursachen Bleikolifen, Schwindsuchten, Nervenschwäche, Krämpfe, Auflösung und Verderbniß der Blutmasse, Ausfallen der Zähne, der Haare, Augenbraunen, und eine Menge anderer Krankheiten, an deren Heilung die Aerzte verzweifeln.

Aber auch dieses sind noch nicht alle schädliche Folgen der Schminke. Sie mag trocken oder naß auf die Haut gerieben werden, so geschieht es leicht, daß bei der Bewegung der Gesichtsmuskeln durch Sprechen, Lachen, etwas von dem Munde abfällt, und durch Einathmen in den Mund beim Essen und Trinken, in die Lunge und den Magen gebracht wird, und den Körper langsam vergiftet.

So lange das Queckſilberpräparat nur im Munde hängen bleibt, ſetzt es ſich an die Zähne und an das Zahnfleiſch und frißt ſolche an. Die Zähne werden ſchwarz, das Zahnfleiſch mürbe, ſchwarzblau, blutend, geſchwürig; die Zähne werden locker in ihren Hölen, ſie fallen häufig aus und der Athem ſtinkt.

Geht es in die Lungen und den Magen, ſo reizt es, inflamirt und frißt an, und es entſtehen Huſten, Blutſpeien und Lungenſucht; geht es in das Blut, ſo löſt es ſolches auf, verurſacht Cachexien, faule Fieber, ſtarke Blutflüſſe u. ſ. w.

Die Bleimittel hingegen trocknen den Körper aus, verurſachen trockne Lungenſucht, Bruſtwaſſerſucht, Gelbſucht, Zittern und Schwäche der Glieder, Verſtopfungen aller Art, hyſteriſche Zufälle u. a. m. Was kann man wohl von einem ſolchen erkrankten, vergifteten Körper für eine Nachkommenſchaft erwarten? —

„Viele Personen sind bei dem Gebrauch der Schminke alt geworden," wendet man vielleicht ein. Freilich leiden nicht alle Körper von äußern Uebeln auf gleiche Art, die dauerhaften weniger als die schwachen; aber jedes Uebel schadet immer in einem gewissen Grade, wenn es auch noch so unmerklich ist, und der stärkste Körper wird nie das seyn und werden, was er außerdem hätte seyn und werden können. —

Die Schminke ist die gefährlichste Feindinn für weibliche Schönheit; sie ätzt nicht nur die feinen Gesichtszüge aus, sondern sie verdrängt, wenn ihr Anstrich auch der feinste von der Welt ist, das sprechende Leben in der Physiognomie.

Unter diesem leblosen Firniß kann jene duftende Wärme des Bluts, jenes wallende leichtathmende Leben nicht hervorschimmern, welches der ganzen Physiognomie so viel Reiz und Anmuth giebt. Die feinen sanften Züge und Wellenlinien können unter dieser Uebertünchung nicht wahrgenommen werden; jener zarte auf der Oberfläche hingestreute Pflaum, um durch Brechung der Lichtstralen desto lieblicher zu täuschen, wird übertüncht.

Die schöne und wahre Farbenmelodie des Gesichtes, wenn das Blut dem gerührten Herzen schneller entströmt oder plötzlicher zurücktritt, wenn Freude, Genuß, Hofnung, Theilnahme, Ruhe, Schaam in den feinsten mannigfaltigsten Zügen sich mahlen, oder wenn Schrecken, Schmerz, Trauer, Abscheu die Seele ergreifen und eine neue Farbenmischung hervorbringen, kurz jede Gemüthsstimmung, jeder Zauber der Seele, geht unter diesem todten Firniß verloren.

Wie bedeutend ist nicht oft eine einzige Linie, ein einziger Zug in dem weiblichen Gesichte? Tausendfach ist die Sprache, welche die Natur bei jeder leichten Rührung, jeder sanften Regung, jeder leisen Empfindung, jedem Herzschlag der Liebe und warmen Zuneigung in das weibliche Antlitz zaubert, um den Mann durch Liebreiz und Anmuth zu fesseln und zu beseeligen; und dieses Erhabenste, Göttliche, was das Weib allein zum liebenswürdigen Weibe macht, wagt es mit frechen Händen zu besudeln, zu vertilgen, zu schänden! —

Welchem Maler ist es wohl je gelungen, jene so leise und unmerklich in einander fließende Farbenmischung, jene Haltung und Harmonie des Ganzen, jene sanfte, gleichsam schwebende Rundung, jene Zauberei der Natur im weiblichen Antlitz hervor zu bringen? — Und das Weib untersteht sich da zu malen, wo auch der größte Künstler voll Ehrfurcht für die Geheimnisse der Natur seinen Pinsel bescheiden niederlegt. —

Wird man nun noch überdies die Disharmonie zwischen den geschminkten und ungeschminkten Theilen des Gesichts und des Busens, des Halses, der Augen, der Augenbraunen, Haare u. s. w. gewahr, so ist es unbegreiflich, wie ein Weib es sich träumen kann, einem Manne von Geschmack gefallen zu wollen. —

Und was noch mehr als alles ist, wie soll der Mann in einem geschminkten Weibe, eine gute, schöne, beglückende Seele vermuthen, daß den Stempel der Lüge und Verfälschung auf seinem Gesichte trägt; muß er nicht vielmehr glauben, daß ihre Seele eben so zur Verstellung, Schalkheit und Betrug geneigt ist, eben so heuchlerisch, als ihr Gesicht lügenhaft ist?

Selbst der beste weibliche Karakter, wenn er auch anfangs mit Widerwillen von dem herrschenden Zeitgeschmack, von der tyrannischen Mode fortgerissen ward, bleibt nicht das, was er war, und was er hätte werden können; er wird immer mehr zu Neid und Eifersucht geneigt werden, die Verschönerung außer sich selbst zu suchen, und sich immer weiter von dieser und von der Natur entfernen.

Wie ist es wohl möglich, auf eine geschminkte Wange den Kuß der Liebe zu drükken, ohne vor Furcht zu zittern, Gift zu saugen. Wie ist es möglich sich einem solchem Mädchen als Gatte hinzugeben, ohne daß tausend bange Ahndungen von Trug und Arglist in der Seele erwachen? —

Und wenn hierdurch nun die Schritte der Zeit, dieser unaufhaltsamen Zerstörerin der Schönheit beschleunigt worden, wenn endsich alle Kunst der Koketterie ihren Dienst versagt, und jene körperliche Folgen sich in größerem oder minderen Theile zu dieser Unfriedenheit gesellen, wenn das unterdrückte Gefühl der Wahrheit sich nicht länger in Schlummer wiegen läßt, wenn die Stimme der Natur sich endlich erhebt, und für beleidigte Menschheit Rache fordert, welcher fürchterliche Kampf von Leidenschaften von Begierden, Vorwürfe und Abscheu muß da in der Seele des Weibes entstehen! —

Und dies alles um Gecken und Narren zu gefallen, um eine elende Sitte des Hofs, der großen Welt und der glänzenden Assembleen nachzuahmen, — o ihr thörichten Weiber, wie könnt ihr so blind gegen eure wahren Vortheile seyn! —

Noch einmal, meine Damen, wollen Sie lange gesund leben, ihre natürlichen Reize und wahre Schönheit lange behalten, so machen sie aus Nacht nicht Tag, beschäftigen Sie sich mit mehreren häußlichen Arbeiten, machen sie sich öftere Bewegungen in frischer Luft, gewöhnen sie sich an einfache Nahrungsmittel, vermeiden sie den häufigen Genuß der

Liebe,

liebe, und verabscheuen Sie endlich die schädliche zeitig alt machende Schminke, so werden sie gewiß lange schön bleiben. Ich meine hiermit nicht, daß sie alle Aufmerksamkeit auf die Erhaltung und Verbesserung Ihrer Schönheit aus den Augen setzen sollen, es ist ihnen vielmehr der Gebrauch

Von unschädlichen Verschönerungsmitteln

zu empfehlen, welche die natürlichen Verrichtungen des Körpers nicht stören, sondern sie vielmehr befördern helfen. —

Daß das Daseyn der unter der Haut liegenden Fettkügelchen zu einem sanften Teint wesentlich erfordert wird, ist schon vorhin bemerkt worden. Zu Erhaltung und Wiederherstellung derselben sind die sogenannten Italiänischen Masken ein vortrefliches Mittel. Sie werden auf folgende Art bereitet:

Man zerschmelze 6 Loth weiß Wachs in einen neuen Tiegel bei gelindem Feuer, und gieße 4 Loth Pomeranzenblüthwasser hinzu; beides wird so lange umgerührt, bis das Po-

K

meranzenwasser sich völlig verzehrt hat. Dann
gießt man 3 Quentchen Mandelöl, 1 Loth
weiß gewaschenen und gereinigten Schmeer
hinzu. Wenn diese Masse sich über gelindem
Kohlfeuer vereiniget hat, so entfernet man sie
vom Feuer, und taucht ganz neue Leinwand
hinein, welches man in Zeit von zehen
Minuten dreimal widerholet. Die Leinwand
wird getrocknet und über weiß Papier ge=
dehnt, damit sie glatt bleibt. Man schneidet
davon so viel ab, als nöthig ist, um eine ge=
wöhnliche Maske zu füttern. Alle sechs Tage
wird das alte Futter mit einem neuen ver=
tauscht.

Statt der Masken kann man sich auch
Schnupftücher bedienen, deren Zubereitung
folgende ist: Man löse in einem Quart war=
men weißen Wein 1½ Loth gereinigten Alaun
und 1 Loth Tragakant auf, vermische solches
mit 2 Loth Kalbfußgallerte, dem Eiweis von
2 Eyern und 1 Quentchen fein gestoßenen Ge=
würznägelein, und destilire das Ganze bei ge=
lindem Feuer. In dieses Wasser werden feine
weiße Schnupftücher 12 Stunden lang einge=
weicht, nachher gelinde ausgerungen und in

Schatten getrocknet. Dieses 12 Stunden lange Einweichen der Tücher, das nachherige Auswinden und Trocknen wird auf die beschriebene Art dreimal wiederholt. Mit diesen so zu bereiteten Schnupftüchern wird das Gesicht den Tag öfters gelinde abgerieben, auch etliche Stunden damit bedeckt.

Ein anderes gutes Maskenfutter, womit die gewöhnlichen Masken zum nächtlichen Gebrauch ausgefüttert werden können, ist folgendes: die feinste Leinwand wird 8 — 12 mal mit Rosenwasser gewaschen, und nach jedesmaligem Waschen getrocknet; diese Leinwand wird mittelst eines Pinsels mit Eydotter bestrichen, welches mit Rosenwasser abgerieben worden ist, worinn man zuvor, z. B. in 1 Pfund 3 Quentchen Tragakant aufgelöset hat.

Die Leinwand wird hierauf über Papier ausgedehnt und im Schatten getrocknet.

Wenn mit dieser Leinwand die Maske ausgefüttert worden ist, so kann dieselbe nachmals mit einer Salbe bestrichen werden, welche aus 3 Theilen Mandelöl und 1 Theil weißen Wachs zusammengesetzt worden ist.

Reinlichkeit ist für die Schönheit eben so wesentlich als für die Gesundheit; die reinlichsten Völker waren zu allen Zeiten auch die schönsten und gesundesten. Das wichtigste Reinigungsmittel ist das Baden. Es reinigt und öfnet die Hautgefäße, befördert die freie Ausdünstung, verdünnt und versüßt die Säfte durch das eingesogene Wasser, und giebt dem ganzen Körper Stärke und Munterkeit. Ist der Schweiß an der Haut zähe oder fett, so gebrauche man feine Seife oder Mandelkleien im Bade.

Das Waschen mit warmen Wasser ist durchaus nachtheilig; die Ausdünstungsgefäße werden zu sehr erweitert, erschlafft, und bei dem zu starken Hervordringen der Säfte nach der Oberfläche entstehen leicht scharfe Ausschläge. —

Man wäsche sich mit reinem weichem Flußwasser, welches am wenigsten mit Erd= und Salpetertheilchen vermischt ist, oder mit frischen reinen Molken oder destillirten Wassern, z. B. mit Bohnenwasser. In Ermangelung alles dieses kann man sich auch des abgekochten und im Keller wieder kalt geworde=

nen Brunnenwassers, worinn man einige Hände voll Lindenblätter geworfen, bedienen.

Nie wasche man sich sogleich, aber wenn man das warme Bett verlassen hat, oder wenn Staub auf das Gesicht gefallen ist, denn hierdurch wird die Unreinigkeit in die Schweislöcher eingerieben und die Haut durch den mehr aufgelöseten Staub angegriffen.

Weit sicherer ist es, das Gesicht täglich etliche mal, oder so oft es nöthig ist, mit einem weißen Tuch gelinde abzureiben, auf welchem sich Staub und Unreinigkeiten, wie man es jedesmal wahrnehmen kann, häufig anhängen. Zeigen schwarze Pünktchen und kleine Knöpfchen eine bereits geschehene Verstopfung der Schweißlöcher der Haut, so kann das Gesicht öfterer mit einem Stück rothen Scharlach gelinde abgerieben, und zuvor mit dem, von weitem angebrachten Dampfe von warmer mit Hollunderblüthe abgekochter Milch, gebadet werden.

Zu starkes Reiben verschiebt jedoch leicht die Haut, besonders muß es verhütet werden, nach Erhitzungen vom Gehen und Tanzen.

Noch nachtheiliger ist das tägliche Waschen mit Wasser und Seife; es vertilgt und schleift die feinen zaserichen Spitzen so vieler in die Haut gehender Gefäße, auf der Oberfläche des Gesichts ab, macht sie breit, und das Gesicht bekömmt statt jenem reizendem jugendlichen Ansehen, einen glatten widrigen Glanz. —

Man wasche sich daher überhaupt alle 8 bis 14 Tage nur einmal, und zwar des Abends, wenn man nicht wieder an die Luft kömmt, mit vorhin genannten Wassern oder Molken. Ist das Gesicht von Natur sehr zart, so nimmt man statt des Flußwassers das Wasser von destillirten Melonen, oder das aus allmälig hart gesottenem Eyweiß ausgepreßte so vortrefliche Wasser. Außer diesem muß denn, zu Erhaltung eines schönen Teints, das Gesicht, wie schon oben gesagt, vorzüglich aber des Morgens und Abends, mit einem rein gewaschenen weichen Tuch, gelinde abgerieben werden.

Die allgemeinen Fehler der Haut bestehen darin, daß sie entweder zu weich und schlaff, oder zu rauh und spröde ist, oder daß ihr die gesunde frische Farbe mangelt, oder daß sie durch Ausschläge verunstaltet ist.

Die Schlaffheit und Blässe der Haut entsteht durch warmes Waschen, durch zu warme Kleidung, Aufenthalt in zu warmen Zimmern, allzu langes Schlafen, besonders in Federbetten, und durch den häufigen Genuß des warmen Getränks. Um der Haut die gehörige Spannung und die darauf beruhende lebendige Gesichtsfarbe wieder zu geben, entferne man zuvörderst alle diese Uebel, suche hingegen die reine frische Luft, mische bei dem unter diesen Umständen erforderlichen öfteren Waschen etwas Wein oder Brantwein, oder am besten Ungarisches Wasser unter das Waschwasser; alles dieses zieht zusammen, stärkt und trägt zur frischen Gesichtsfarbe bei. Rührt aber die blasse Gesichtsfarbe von schwacher Verdauung, von Mangel an Leibesbewegungen her, so ist die Hülfe des Arztes durchaus nöthig; er wird den Gebrauch von bittern Kräutern, Extrakten von Stahlarzneien, von mineralischem Wasser verordnen. Außer dem Reiben des ganzen Körpers, und besonders der Füße mit Flahell, den man mit Mastix durchräuchert hat, sind hier alle andere äußerliche Mittel schädlich.

Ist bei einer gelben Gesichtsfarbe wirkliche Kränklichkeit vorhanden, so muß der Arzt helfen und die Säfte verbessern; dieser wird bald entdecken, daß die Leber, die Milz, das Gekröse verstopfet, der Magen verdorben oder ein anderer Umstand in Unordnung gerathen ist. Er wird eröffnende Mittel (z. B. Kräutersäfte,) erweichende Bäder und genaue Diät verordnen, und dadurch die Patientin erst in den Stand setzen, äußerliche Mittel mit sicherem Erfolg anzuwenden, unter denen hier vorzüglich folgende Seife zum Waschen zu empfehlen ist. Man nehme:

Ochsengalle, = = = = 1 Loth,
Geflossenes Weinsteinsalz, = = 2 —
Pulver von florentinischer Veilchenwurzel 1 —
Fein geschabte venetianische Seife. 9 —

Hierzu gieße man guten weißen Wein so viel als nöthig ist um kleine Kugeln davon zu machen, deren man sich anstatt der Seife bedient, jedoch mit dem Unterschied, daß das mit diesen in Wasser eingeweichten Kugeln

bestrichene Gesicht, erst nach einer Viertel=
stunde mit laulicher Milch abgewaschen wird.

Bei der Rauheit und Sprödigkeit
der Haut, wo wegen gehinderter Ausdünstung
Schärfen zurückbleiben, und leicht Flecken
entstehen können, müssen gerade die entgegen
gesetzte Mittel angewendet werden. Hier
dient das Waschen und Baden in lauem
Wasser, lauer Milch; Dampfbäder von war=
mer Milch, von Wasser, worinn Hollunder=
blüthe oder andere erweichende Kräuter ge=
kocht worden; das Baden in Eselsmilch ist
schon von der schönen Kaiserinn Pappäa
als ein für die Geschmeidigkeit der Haut
günstiges Mittel gebraucht worden.

Bei einer allzutrocknen Haut ist noch ein
anderes in seiner Zubereitung zwar mühsa=
mes, aber auch der schönen Gesichtsfarbe
überaus günstiges Mittel zu empfehlen. Es
ist die Salbe von Rehbocksfett, die auf fol=
gende Art bereitet wird:

Man wasche 3 bis 4 Netze von jungen
Rehböcken zum öftern mit Rosenwasser, bis
sie weiß werden, lege sie dann in eine porzel=
länene Schüssel, gieße so viel weißen Wein

darauf, daß die Netze bedeckt werden, und lasse sie drei Tage lang an einem kühlen Ort durchziehen. Hierauf zerschneidet man die Netze in kleine Stückchen, wirft sie in einen glasurten Topf nebst zwei zerschnittenen Zitronen, aus denen die Kerne genommen worden. Ferner thue man hinzu:

Gewürznägelein	¼ Loth.
Storax = =	1. —
Benzoe = =	1 Quentchen.
Weinsteinsalz =	1 Loth.
Rosenwasser =	2 Pfund.

Dies alles wird bei einem sehr mäßigen Feuer so lange gekocht, bis das Fett zergangen ist, alsdann drückt man die Masse durch ein starkes Tuch in eine porzellänene Schüssel, worin ¼ Quart weißen Wein gegossen worden. Ist es kalt geworden, so nehme man das Fett ab, reibe es weiß mit Orangenblütwasser, und verwahre es zum Gebrauch. Des Abends bestreiche man das Gesicht damit, und trockne es nach einer halben Stunde wieder ab, oder lege sogleich die Maske die Nacht über auf.

Daß diese erweichende Mittel nicht länger angewendet werden müssen, als der fehkerhafte Zustand der Haut dauert, versteht sich von selbst, wenn man sich das entgegengesetzte Uebel nicht zuziehen will.

Zur Verdünnung der Schärfe und des Schleims in dem Geblüte, welche beide eine so reichhaltige Quelle in der gewöhnlichen Lebensart des schönen Geschlechts haben, und zur Verschönerung des Teints ist überhaupt folgende Ptisane zum Trinken des Nachmittags zu empfehlen. Man nehme:

Klettenwurzel.	=	1 Loth,
Scorzonerwurzel.	=	1 —
Graßwurzel.	=	1 —
Süßholzwurzel.	=	½ —
Wilde Zimmetrinde.		½ —
Geraspeltes Hirschhorn		½ —

Dieses alles schneide man klein, und koche die Hälfte mit 2 Kannen siedendem Wasser in einem neuen Topf so lange bei gelindem Feuer, bis der vierte Theil Wasser eingekocht ist. Wenn es abgekühlt ist, gießt man es durch ein Durchschlag, und füllt es zum bestimmten Gebrauch in eine Bouteille.

Bei einer sehr rothen Gesichtsfarbe, so fern die Lungen gesund sind, liegt die Schuld an allzu dünnen und flüchtigen Blut-

oder an Krämpfen des Unterleibes. Ohne Zweifel wird der Arzt bei allzu dünnem Blute, Geleen, Graupenschleim mit Zitronensaft und gelind stärkende Arzneien, wider Krämpfe aber Bäder und krampfstillende Mittel, vorschlagen.

Nach dem Gebrauch dieser Mittel hat das Waschen des Gesichts mit Kuhmilch mit einem gleichen Theil Erdbeerwasser vermischt, eine sehr kühlende Eigenschaft. Auch kann man sich hier der beiden Arten oben beschriebener Masken des Nachts bedienen.

Besonders muß man aber das allzu späte Schlafengehen, den Genuß gesalzener und geräucherter Speisen, und des warmen Getränks vermeiden.

Fällt die Gesichtsfarbe ins Braunrothe, so ist ein stockendes, gallichtes Blut vorhanden; der Arzt wird hier vorzüglich abführende Mittel verordnen. Der Gebrauch der beschriebenen Ptisane ist auch sehr dienlich. Um die allzutrockne Haut geschmeidig zu machen, ist folgendes vortrefliche Waschwasser zu empfehlen. Man nehme:

Weißen Weihrauch. ½ Loth.
Storax. 1 Loth.
Venetianischen Borax. ½ Loth.
Kampfer. ½ Quentchen.
Weißen Wein. ½ Quart.
Weißes Lilienwasser. 1 —

Dies alles lasse man 24 Stunden gelinde destilliren, und bewahre es hernach zum Gebrauch auf.

Unter andern ist das allzu starke Schwizzen, besonders im Gesicht, dem jugendlichen Ansehen und der schönen Gesichtsfarbe sehr gefährlich. Man bemerkt dieses allgemein an der schwere Arbeiten verrichtenden Menschenklasse; ihre Gesichter ältern und verlieren das Volle und Runde früher, als andere Menschen, deren Lebensart nicht mit so häufigem Schwitzen verbunden ist.

Vorzüglich wird durch flüchtige Salze im Blut bei schwächlichen Frauenzimmern diese Geneigtheit zu schwitzen erregt. Der beste medicinische Rath bei diesem Umstande ist folgender: Alle Leibesbewegungen müssen allmählich unternommen, und das Bett sehr früh verlassen werden. Des Morgens, Nachmittags und Abends, muß statt des warmen

Getränks, reine Kuhmilch getrunken, Mittags aber solche Speise genossen werden, die durch einen gelinden Schleim die Schärfen des Bluts einwickelt, und das Blut in seinem schnellen Laufe aufhält. Hierher gehören, Reiß, Grieß, Grütze, Graupen, Gallerten, das Fleisch junger Thiere mit Sauerampfer und Spinat zubereitet. Beim Schlafengehen ist der Gebrauch kühlender und beruhigender Pulver sehr zuträglich.

Wenn man diese Vorschriften genau beobachtet hat, so kann man allmählich anfangen, die Haut durch folgendes Wasser gelinde zusammen zu ziehen: Man nehme:

Aus nur wenig hart gesottenem
Eyweis gepreßtes Wasser 2 Eßlöffel voll.
Zitronensaft. $\frac{1}{2}$ —
Fein gestoßenen Alaun. 3 Gran.
Wegbreitwasser $\frac{1}{2}$ Quart.

Dies alles vermische man zusammen, und wasche oder benetze nur das Gesicht des Tages einigemal damit.

Eine Haut, die bei scharfer Luft in der Kälte leicht aufspringt, wird ohne Schaden dadurch verbessert, wenn unter das Waschwaſſer die Hälfte weißer Wein oder ein Drittheil Eau d'Arquebusade, oder ein Sechstheil Franzbrandwein gegoſſen wird.

Eine ſehr zarte und feine Haut des Geſichts kann z. B. auf Reiſen der Sonnenhitze nicht ohne Nachtheil ausgeſetzt werden; man ſchützt dieſelbe ſehr leicht dadurch, daß man das Geſicht mit Eyweiß in Roſenwaſſer zerſchlagen, am frühen Morgen vermittelſt eines weichen Schwämmchens benetzt, und es erſt am Abend wieder abwäſcht.

Die Sommerſproſſen ſind Flecken, die der Farbe, Geſtalt und Größe nach, den Linſen ähnlich ſind, die gewöhnlich entſtehen, wenn die Haut durch die Sonnenhitze zu ſehr ausgetrocknet wird. Aber nicht immer iſt die Sonnenhitze ſchuld, denn man nimmt ſie auch an bedeckten Theilen und an Kloſterfrauen wahr; ſie entſtehen nicht nur bei denen, die ſich nach Erhitzungen plötzlich erkältet, oder bei ſtarkem Schwitzen kalt getrunken haben, ſondern auch durch innere Verderbung der Säfte. Gute Diät und blutreinigende Mittel, als Tamarindenmolken, Brühen von Körbelkraut, der oben beschriebene Holztrank müssen innerlich gebraucht werden.

Aeußerlich, meine schönen Blondinen, die Sie am meisten bei dem herannahenden Frühling seufzen, nehmen Sie klein gestoßenen Alaun, lassen denselben mit wohl geschlagenem Eyerweiß vermischen, und an ein gelindes Kohlfeuer setzen, lassen Sie es beständig umrühren, damit es nicht hart werde; so bald es aber anfängt einen Schaum von sich zu geben, entfernen sie es sogleich vom Feuer. Mit dieser Salbe bestreichen Sie fünf bis sechs Tage nacheinander Gesicht und Hände, und ihre Sommerflecken werden sich zusehends verlieren. Waschen Sie sich aber alle Morgen, wenn Sie aufstehen, mit einem Wasser, worinn Bohnen gekocht worden, rein wieder ab. —

Mehreren Erfahrungen zu Folge ist auch Schleenblüthe in Milch gekocht, ein sehr wirksames Mittel gegen die Sommerflecke; man läßt sie kalt werden, und wascht sich Abends damit, zugleich gebraucht man auch den warmen Trank davon, als ein inneres die reine Gesichtsfarbe beförderndes Mittel.

Wenn

Wenn die Galle, wegen Leberverschleimungen im Blute stockt, und durch die Sonnenhitze ins Gesicht gezogen wird, so entstehen braune, breite Flecken, die man **Leberflecken** nennt, die eben so wie die Sommerflecken behandelt werden.

Aeußerlich kann man sich folgender Salbe bedienen:

   Hechtgalle   ½ Loth.
   Seife   2 —
   Weinsteinsalz 1 Quentchen.

Frisches Mandelöhl, so viel als nöthig ist, um davon vermittelst Reiben in einem steinernen Mörsel eine Salbe zu bekommen. Man bestreiche damit des Tags einigemal die Flecken, und lasse es eine Stunde darauf liegen. —

Sehr wirksam soll auch noch folgendes einfache Mittel seyn. Man zerschneidet Merrettig in kleine Würfel, gießt scharfen Weinessig darüber, verstopft das Glas wohl und läßt es 14 Tage lang in der Erde vergraben; hernach wäscht man bei Schlafengehen die Flecken so lange mit diesem Essig, bis sie vergehen.

Bei gelben Flecken in der Haut des Geſichts, die von Verſtopfungen der Gallengänge, Verſchleimungen des Unterleibs und der Unordnung eines andern gewiſſen Umſtandes herrühren, dienet folgende Salbe:
Venetianiſche Seife = = = = 3 Loth.
Schwarze pulveriſirte Nießwurzel 2 Quent.
Storaxeſſenz = = = = ½ Loth.
Gefloſſenes Weinſteinſalz = = 1 —
Mandelöhl ſo viel als nöthig iſt, damit aus dieſen, in einem ſteinernen Mörſel zeriebenen, Stücken eine Salbe werde, die ſich aufſtreichen läßt.

Sollte dieſe Salbe zu ſchwach gefunden werden, ſo kann man einen Theil Ochſengalle und einen Theil Schierlingsſaft mit drei Theilen Meerzwiebelſaft, bei gelindem Feuer vermiſcht, ſtatt einer Salbe brauchen; doch müſſen in dieſem Falle die Flecken einzeln beſtrichen werden.

Schwarze Flecken des Geſichts entſtehen von ſchwarz gallichtem Blute, wozu Gallenkrankheiten, zu vieler Genuß geräucherter Speiſen, Mißbrauch im Kaffe und andern hitzigen Getränken Anlaß geben. Aeußerlich wirkt ein Theil Ochsengalle, mit sechs Theilen venetianischer Seife, und ein Theil Olibenöhl vermischt, woraus eine Kugel zum Waschen gemacht wird, am allerbesten auf diese Flecken.

Bei allen diesen Flecken wird indessen, wie schon gesagt, jede äußerliche Kur unnütz und schädlich seyn, wenn dieselbe nicht durch innere Mittel vorbereitet worden ist. Die Natur treibt alle Unreinigkeiten auf verschiedene Weise aus dem Körper, und wir sehen daher jene Erscheinungen auf der Haut; werden blos äußere Mittel angewandt, so werden sie unter die Haut zurückgeworfen, und die Natur ist gezwungen, andere und für die Gesundheit gefährlichere Wege zum Wegschaffen dieser Unreinigkeiten zu suchen.

Die innere Kur beschränkt sich vorzüglich auf abführende und das Blut versüßende Mittel, sechs bis acht Wochen lang müssen alle scharf gesalzene und die bereits oben als der Schönheit überhaupt nachtheilige Speisen vermieden werden, und das Gesicht darf binnen dieser Zeit nicht gewaschen werden. Des Morgens muß ein Quart versüßte

Kuh- oder Ziegenmolken, des Nachmittags aber die beschriebene Ptisane getrunken werden. Zugleich ist ein gelind abführendes Pulver des Morgens und Abends zu einem Theelöffel voll genommen zu empfehlen, welches aus

    Rhabarber   =   =   =   ½ Loth.
    Weißer Magnesia   =   =   ¼ —
    Präparirten Krebsaugen   ¼ —

bestehen kann.

Gelbe und blaue Flecken, die vom Fallen und Stoßen verursacht worden, kann man leicht vertreiben, wenn man Kleie, Salz und Essig so lange zusammensieden läßt, bis die Kleien die Feuchtigkeiten in sich gezogen haben; man lege hiervon nur ein paarmal etwas auf, und das kleine Denkmal wird bald verschwinden.

Wenn Sie, meine schöne Damen, das Unglück gehabt haben, daß Ihre zarte Haut in der Sonne braun geworden ist, so dürfen Sie nur ein halb Quart Milch mit dem Safte einer Limonie und einem Löffel voll Brandwein durch einander kochen lassen, es wohl abschäumen, etwas weißen Zucker hinzufügen und sich das Gesicht des Abends damit waschen.

Die rothen Flecken an der Nase und an dem obern Theile der Wangen kommen meistentheils vom Mißbrauche des Weins und anderer geistigen Getränke her; man enthalte sich derselben, und der Kupferhandel wird von selbst verschwinden; wo nicht, so sind innerliche Mittel nothwendig.

Finnen sind kleine, harte und rothe Knoten oder Beulchen, welche im Gesicht herauskommen, weder jucken, noch schmerzen, auch nicht vereitern. Gemeiniglich sind sie die Folge von scharfen und erhitzenden Nahrungsmitteln, können daher durch kühlende Abführungsmittel weggeschafft werden. Es kann auch hier die nur eben beschriebene Vorbereitungskur gebraucht, und dabei frische säuerliche Früchte, Sauerampfer, Spinat, gekochter Sallat, Mohrrüben, Grieß, Graupen-Gallerten, überhaupt viel Zugemüse und wenig Fleisch genossen werden. Aeußerlich hat öfters das Waschen mit Salzwasser oder mit dem Goulardschen Wasser gute Dienste gethan. Letzteres erhält man in den Apotheken. Bei dem Gebrauch wird es gut umgerüttelt, davon etwas in eine Theeschale gegossen, und mit einem darin getauchten leinenen Lappen das Gesicht benetzt; anfangs ist es rathsam, dieses Goulardsche Wasser mit abgezogenem Erdbeerwasser zu vermischen. Doch ist in diesem Falle beim Gebrauch äußerlicher Mittel alle Behutsamkeit zu empfehlen. —

Rothe Flecken der Haut, welche vom Stiche der Mücken, Schnecken, Bienen, Wespen und anderen Insekten entstehen, werden durch aufgeschlagenes kaltes Wasser oder Weinessig vertrieben. Auch ist es gut, solche Flecken mit einer Abkochung von Hollunderblüten zu brühen, Oel einzureiben, oder Theriak aufzulegen. Besser als alles dieses aber ist ein Umschlag von Kartoffeln. Die Zubereitung ist so einfach, als das Mittel selbst. Man stößt eine rothe Kartoffel, ohne sie abzuschälen, in einem Mörsel zu Brei (ein gleiches kann man durch das Reibeisen oder durch Schaben mit einem Messer bewirken) und legt diesen auf den rothen geschwollenen Fleck. Die Masse wird so leicht warm, daß man den Umschlag beinahe alle fünf Minuten frisch auflegen muß; der Erfolg ist von der schnellsten Wirkung. Dieser Umschlag wird auch bei verbrannten Gliedern mit größtem Nutzen angewandt.

Die so genannten Mitesser, welche man gleich Würmer mit schwarzen Köpfen bei Kindern und Erwachsenen zuweilen aus der Haut, besonders aus der Nase, Stirne, Brust u. s. w. herausdrücken kann, entstehen von dem dickgewordenen und verdorbenen Schleim in den Hauptdrüsen. Das beste Heilungsmittel ist das warme Bad, und nach demselben ein Liniment aus zwei Theilen Waizenmehl und Bierhefen, und einem Theile Honig, in die Stellen der Haut, die damit besagt sind, eingerieben, und hierauf wohl mit einem eingeseiften Stück Flanell wieder abgerieben. Oft ist das Waschen mit warmen Wasser und Seife oder Waizenkleie allein hinreichend.

Unter andern verunstaltenden Auswüchsen der Haut sind die Warzen die gemeinsten. Dieses sind kleine ziemlich harte, mehr oder weniger empfindliche an allen Theilen des Körpers vorkommende Hauptauswüchse, die zuweilen auf Stielen, zuweilen mit einer breiten Grundfläche in der Haut, wie ein Stein im Ringe sitzen. Die unterliegende Haut ist gemeiniglich beweglich, und läßt sich aufheben, hin und her schieben, zuweilen jedoch unbeweglich und an den darunter liegenden Theilen angewachsen. Ist eine innere Ursache Schuld, so muß diese aufgesucht und gehoben werden, und dann verlieren sich die Warzen von selbst.

Bei Kindern von 4—10 Jahren, die zu häufige Milchspeisen genießen, entstehen oft Warzen in großer Menge; hier muß man die Milchspeisen aussetzen, und die frischen Säfte oder die Abkochungen von Gundermann, Löwenzahn, Körbel, Huflattig mit 10—30 Tropfen Hurhamschen Spießglaswein nehmen lassen. Oder man lasse in der Apotheke folgendes Mittel bereiten:

Sapon. antimon. ℈ij
 Extr. taraxaci
 G. ammoniaci aa ℈ß
 Syr. cort. aurant. 9.s.
 M. F. Pilul. pond. gr. y.

Hiervon werden täglich 8—20 Stück genommen.

Manchmal verschwinden die Warzen auf diese, so wie bei Erwachsenen auf gegebene Purgiermittel, und auf die gegen die innere Ursach gerichtete Arzneien, von freien Stücken. Rühren sie aber von örtlichen Mitteln her, so muß man sie mit dem Saft von Feigenblättern, oder Wolfsmilch, oder Schöllkraut, mit einer Abkochung von Schierlingsblättern mit faulen Regenwasser, zerflossenem Weinsteinsalze, schwarzer Seife, Terpentinöl, rohem Salmiak, Salmiakgeist, Meerzwiebel mit heißem Oel oder weichem Harze vermischt, mit der Wurzel oder den Blumen der Herbstzeitlose, mit den in Salz getauchten Blättern des großen Hauslaubes reiben; ferner einigemal des Tages mit Spiesglasbutter, oder 8 bis 12 mal täglich mit spanischer Fliegentinktur bestreichen und in der Zwischenzeit mit einem spanischen Fliegenpflaster bedecken, mit scharfen Weinessig, worin so viel Salz aufgelöst ist, als sich auflösen läßt, öfters befeuchten, mit einem Teig aus Salmiak und Mutterharz belegen, imgleichen durch den lang anhaltenden Druck einer kleinen Münze, oder halben Erbse und dergl., die man mit einer

Binde befestigt, so wie auch auf eine der folgenden Arten wegschaffen.

Man faßt nämlich die Warze zwischen zwei Fingern, hebt sie mit der Haut in die Höhe, um sie von den unterliegenden Theilen zu entfernen, und sticht in dieselbe eine glühende Nadel so tief, daß sie die Wurzel der Warze erreicht. Ist die Warze breit, so sticht man 2 — 3 mal an verschiedenen Orten. Hierauf reibt man des Tages einigemal eine erweichende Salbe ein. Gemeiniglich fällt die Warze darauf in einigen Tagen ab.

Oder man legt nun die Warze, wenn sie auf keiner zubereiteten Grundfläche sitzt, einen seidenen Faden, oder eine Pferdehaar, oder noch besser einen feinen Draht, und dreht denselben anfänglich nur gelinde, täglich aber immer fester und fester, jedoch nicht so fest zu, daß ein starker Schmerz entsteht.

Hierauf hebt sich die Warze allmählich in die Höhe, steigt gleichsam aus der Haut empor, so daß sie zuletzt mit einer Zange ganz leicht vollends herausgezogen, und wenn ihr unterer Theil zumal spitzig zuläuft und in einen Faden endigt, abgeschnitten werden kann.

Oder, man muß die Warze täglich, je öfter je besser reiben, stark nach allen Seiten hin und her drücken, kneipen, rütteln, zwischen die Nägel fassen, in die Höhe ziehen, hin und her bewegen, und darauf eine erweichende Salbe einreiben. Nach einiger Zeit sondert sich die Warze rings umher ab, wird endlich ganz los, so daß sie mit einer Zange aus der Haut hervorgezogen und abgedreht werden kann.

Endlich ist zu merken, daß jedes von den obengenannten scharfen und ätzenden Mitteln, wenn die Warze nicht wieder wachsen soll, bis auf ihre Wurzel dringen, die Anwendnug desselben aber ganz wegfallen muß, wenn es heftige Schmerzen und beschwerlichere Zufälle, als das Uebel selbst ist, z.B. eine heftige Entzündung, starke Eiterung, eine üble Narbe, und folglich eine größere Unförmlichkeit, als die ist, welche man haben will, erregt, und die Warze an unter liegenden flechsichten, oder sonst wichtigen und empfindlichen Theilen angewachsen ist.

Uebrigens bedeckt man, wenn man ein Aetzmittel braucht, den Theil mit einem Pflaster, das in der Mitte eine Oefnung hat, damit blos die Warze entblößt bleibt, und das Aetzmittel nicht auf die nahliegenden gesunden Theile wirken kann. Auch kann man den über der Haut hervorragenden Theil der Warzen mit der Scheere wegschneiden, ehe man das Arzeneimittel auflegt. Ist die Warze schmerzhaft, so muß durchaus ein erfahrner Wundarzt zu Rathe gezogen werden.

Die Flecken nach den Pocken sind Ueberbleibsel einer Eiterung und Entzündung, wovon die Haut und die Hautgefäße gelitten haben. Um dieselben zu vertreiben, muß man alle reizende und erhitzende Nahrungsmittel vermeiden, und während acht Wochen nur kühlende, etwas schleimige, nahrhafte, jedoch leicht verdauliche Speisen genießen. Dahin gehören Graupen - Grieß - Habergrützsuppen, Spinat, Meerenwurzeln, junges Geflügel, Kalbfleisch, gekochtes Obst; des Morgens versüßte Molken, bei Tische gutes Magenbier, Nachmittags einen Trank von Gerste mit Hirschhorn gekocht, und nachher mit Zitronensaft vermischt. Uebrigens sind gelind abführende Mittel von Manna, Tamarinden und

Rhabarbar, die noch übrigen Unreinigkeiten wegzuschaffen, erweichende und eröfnende Banden die Ausdünstung der noch übrigen Schärfe zu befördern, sehr zu empfehlen.

Das Gesicht muß binnen dieser acht Wochen nur alle 4 bis 6 Tage mit Wasser gewaschen werden, worin geriebene weiße Brodkrume gekocht worden ist; nach Verlauf dieser Zeit kann es mit folgendem vortreflichen Wasser gewaschen werden. Man nehme:

gereinigten weiß gewaschenen und zerlassenen
Schmeer ‒ ‒ ‒ ‒ ‒ 1 Pfund.
Seeblumenwasser ‒ ‒ ‒ ‒ 1 ‒
Große Renetten ‒ ‒ ‒ ‒ 6 Stück.
Oder st. dieser zerschnittene Zitronen 2 Stück.
Weiße Lilienwurzel ‒ ‒ ‒ ½ Pfund.
Zerschlagene und gewaschene Kälber-
füße ‒ ‒ ‒ ‒ ‒ 3 Stück.
Weinsteinsalz ‒ ‒ ‒ ‒ 1 Loth.
Wallrath ‒ ‒ ‒ ‒ ‒ 4 ‒

Dies alles wird in ein groß Zuckerglas gethan, 24 Stunden stehen gelassen, und nachher bei gelindem Feuer destillirt. Mit diesem Wasser, welches sich an einem kühlen Orte 24 Tage hält, kann das Gesicht des Tags dreimal mit einem weichen Schwamm benetzt werden, je länger man es darauf läßt, je mehr man sich dabei der Luft enthält, desto sicherer ist seine Hülfe.

Wenn die Pockenflecke sehr brennen, so ist anstatt des vorigen folgendes Mittel anzuwenden. Man nehme:

Weichgekochten Reiß	½ Pfund.
den Saft von	2 Zitronen.
Weiße Brodkrume	½ Pfund.
Melonenkerne	1
Weißen Wein	½ Quart.
Seeblumenwasser	1 Pfund.

Es wird so wie das vorige 24 Stunden stehen gelassen, dann destillirt und gebraucht.

Bei den Pockengruben hat das zarte Fett unter der Haut gelitten. Zu Ergänzung derselben ist die bei den Pockenflecken zu beobachtende Diät, und äußerlich die zweite Art der oben beschriebenen Masken bei Nacht, die oben beschriebene Salbe von Rehboksfett hingegen bei Tage zu gebrauchen.

Die Winkel des Mundes schlagen zuweilen aus und fangen an zu nässen, besonders wenn eine saure Schärfe dazu Anlaß giebt.

Zuförderst sind hier abführende Mittel, und die Enthaltung aller scharfen und gesalzenen Speisen nöthig; äußerlich kann man folgenden heilsamen Balsam aufstreichen. Man nehme:

    Balsam des Lukatells   1 Loth.
    Rosenöl
    Gelbes Wachs
    Alaun pulverisirt   6 Gran.
    Präparirte Tutia

Dies alles wird vermischt und zu einer Salbe verarbeitet, um damit die kleinen Wunden zu bestreichen. —

Der Bildhauer Johann Joseph Götzel in Augsburg will ein Mittel erfunden haben,*) das menschliche Gesicht von den Jahren an, da man anfängt alt zu werden, ohne Spiritus, ohne Schminke oder andere Medikamente, in etlichen Minuten um 15 bis 20 Jahr zu verjüngen. Der Erfinder hat an

---

*) Die Anzeige davon stand in der Frankfurter Kayserlichen Reichs-Ober-Post-Amts-Zeitung 1790. Nr. 176.

sich selbst die auffallendste Probe gezeigt. Die Verjüngung kostet einen Konventionsthaler. Man muß entweder den Künstler zu sich berufen, oder selbst zu ihm reisen. Ob viele Damen die Reise nach Augsburg gemacht haben, und wie sie von da zurückgekommen sind, davon ist mir nichts bekannt. —

Die Augenbraunen dienen so wohl zum Schuß der Augen, indem sie das Herabfließen des Schweißes verhindern, als auch zu einer großen Zierde des Gesichts. Man giebt ihnen dadurch eine schöne Form, wenn man sie öfters mit einem feinen Bürstchen von der inwendigen Seite gegen die auswendige streichet; hierdurch bewirkt man auch zugleich, daß sie zwischen den Wurzeln ihrer Haare besser ausduften.

Wenn die Augenbraunen bei den Pocken oder andern Zufällen ausgefallen sind, kann man ihren Wachsthum durch folgendes Mittel befördern. Man nimmt:

Fett von schwarzen Gartenschnecken 6 Loth.
Reinen frischen Vipernschmalz , 3 —
Zwiebeln von weißen Lilien, die noch
     etwas saftig sind , , 2 —

Dies

Dies alles wird in einem Tiegel bei gelindem Feuer eine Stunde langsam gekocht, und während es noch warm ist, durch ein Tuch gedrückt. Die Augenbrauen werden damit täglich öfters bestrichen.

Um den durch ähnliche Krankheiten verloren gegangenen Haaren an den Augenliedern wieder ein neues Wachsthum zu geben, nehme man von der mittlern weichen Rinde des Ulmenbaumes 4 Loth, und 8 Loth weißes Lilienöl, dies koche man zusammen bei gelindem Feuer in einem Tiegel eine Viertelstunde lang, drücke alsdann das Dünne durch ein Tuch, und vermische damit 1 Loth frischen Vipernschmalz. Mit dieser Salbe werden die Ränder der Augenlieder, vermittelst eines Pinsels von Biberhaar bestrichen.

Die Schönheit des Haares hat vorzüglichen Antheil an dem Effekt eines schönen Kopfs, daher sind denn auch fast nirgends so viel Versuche gemacht worden, als in diesem Gebiete weiblicher Reize.

Das Wachsthum der Haare zu befördern ist sehr leicht, wenn nur der Körper gesunde Säfte hat. Die ganze Kunst besteht darin,

M

daß der Kopf und die Haare täglich vom Schweiße gereinigt und ausgekämmt werden. Das Verwirren der Haare ist ihrem Wachsthum besonders hinderlich. Den Kindern muß man daher das Hinterhaar, so bald es sich thun läßt, besonders des Nachts in einen oder zwei lockere Zöpfe einflechten. Man wasche zuweilen den Kopf und die Haare mit warmen Wasser und Seife, wodurch aller fette Schmutz weggeschafft, die Gefäße geöfnet, und der Zufluß der Säfte vermehrt, die Haare geschmeidig gemacht, ihre Kanäle erweitert und also das Wachsthum befördert werden muß. Will dieses nicht helfen, so müssen die Haare öfters abgeschnitten, oder noch besser, kahl abrasirt werden, und zwar muß täglich so lange damit fortgefahren werden, bis die Haare anfangen stark zu wachsen.

Die Haare sind verschiedenen kränklichen Zufällen unterworfen, die aus innerlichen und äußerlichen Ursachen entstehen. Von innen kann eine besondere Verderbniß der Säfte die Haarzwiebeln und Wurzeln zerfressen, zer=

stören, sie können aus Mangel der Säfte austrocknen.

Aeußerlich entstehen Fehler, wenn die Haare zu nachläßig besorgt werden, wenn sie lange verworren bleiben, und sich also der Schweiß darin anhäuft. Oder wenn sie zu viel mit Pomade eingeschmiert werden, besonders die dicken fetten Haare. Diese müssen durch öfters eingestreuten und wieder ausgekämmten Puder ausgetrocknet und von allem anklebenden fetten Schmutz gereinigt werden. Krause und spröde Haare müssen hingegen öfters mit weicher Pomade bestrichen werden, um sie geschmeidig zu machen. Das öftere Brennen mit dem Eisen richtet die Haare gänzlich zu Grunde, alle Geschmeidigkeit und Wachsthum wird ihnen dadurch benommen, der Saft wird ihnen entzogen, sie werden ausgetrocknet, mürbe, und ersterben endlich ganz und gar.

Man sollte den Puder durchaus vermeiden, und ihn nur höchstens zum Trocknen der Haare gebrauchen. Er verstopft die Hautgefäße, und ist nicht nur dem Wachsen und Erhalten der Haare nachtheilig, sondern sein Schaden erstreckt sich auf viele andere Theile des Körpers, vorzüglich auf die Augen, die Nasen, Lungen u. s. w.

Mit Vergnügen sieht man jetzt auf dem Lande und in Städten, selbst in den glänzenden Zirkeln, junge Damen, die theils aus Ueberzeugung, leider aber noch mehr aus Modegeist, ihr Haar in einem kunst= und puderlosen Schmuck tragen. Auch von den Köpfen der Jünglinge und Männer verschwindet allmählich Puder und Zopf; es fehlt uns noch der Schritt unserer steifen Hof= und Dikasteratenzunft — und wir haben eine barbarische Thorheit weniger. —

Wenn nach heftigen Krankheiten, nach hitzigen Fiebern, nach dem Wochenbett die Haare ausgehen, so sind deswegen die Haarzwiebeln nicht verdorben, die Haare wachsen wieder allmählich, so wie der Körper an Kräften gewinnt. Hierzu tragen nährende und stärkende Fleischbrühen, stärkende Arzneien, Chokolade und dergl. bei. Zugleich ist es zuträglich, die Haare des Abends und Morgens mit folgender Pommade zu reiben. Man nimmt:

Dachsfett = = = 6 Loth.
Haarfett = = = 1 —
Bärenschmalz = = = 3 —
Hanföhl = = = = 2 —
Leinsaamenöhl = = 2 —
Storax = = = = 1½ —
Florentin. Veilchenwurzel 2 —
Frauenhaar (Flores capillor. Veneris) 3
   Händevoll.

Dies alles wird in einen Tiegel bei gelindem Feuer eine Stunde lang gekocht, und nachher durch ein Tuch gedrückt. Hiervon wird jedesmal so viel als die Größe einer Muskatennuß beträgt, genommen, und damit das Haar durchrieben.

Wenn die bloße Trockenheit der Haut am Ausgehen des Haares schuld ist, so ist neben der Enthaltung aller gesalzenen und geräucherten Speisen, eine Kur von Selzerwasser mit Ziegen- oder Kuhmilch vermischt, und der Gebrauch der eben beschriebenen Pommade zu empfehlen.

Die gewöhnliche und beste Pommade wird aus

gelbem Wachs = = = 1 Loth.
weißem Wachs = = = 2 —
frischen gereinigten Schöpfentalg 7 —
bereitet. Dies alles schmelze man in einem Tiegel, schäume das aufschwimmende fleißig ab; wenn dies geschehen und die Masse kalt geworden ist, gieße man 1 Quentchen Zedern= öhl darunter.

Um das verderbliche Brennen der Haare zu vermeiden, können solche durch folgende Mittel kraus und lockig gemacht werden: Man nimmt:
Das Weiße von = = = 1 Ey.
Fein gestoßenen weißen Zucker 1 Quent.
Weißen Wein = = = = 1 Eßlöffel.
Und macht eine Salbe davon.

Oder man nimmt:
Gummi Elemi 1 Loth.
Rosenwasser = ½ Pfund.
und läßt beides ein wenig zusammenkochen.

Das Haar wird hiermit des Abends be= netzt, und mit Haarwickeln aufgerollt.

Wenn man die Haare da, wo sie nicht wachsen sollen, vertilgen will, legt man Lösch=

papier mit verſüßtem Salzgeiſte auf den haa-
richten Theil. Oder man nehme:

Operment = 2 Loth.
Ungelöſchten Kalk 2 —
Silberſchaum = 1 —

Dies kocht man ſo lange in ½ Pfund
Waſſer, bis von einer Schreibfeder die Federn abgehen. Hiermit wird der Theil beſtrichen, und bald darauf mit Lilien- oder Ro-
ſenſalbe belegt. Um die Röthe der Haare zu
vertreiben, iſt das leichteſte und wirkſamſte
Mittel, die Haare recht oft abzuſchneiden
oder wegzuraſiren, je öfter ſie abgeſchoren
werden, deſto geſchwinder verfärben ſie ſich.
Ein Ordensgeiſtlicher, der als Novize ein
brennend rothes Haar hatte, bekam nach
einigen Jahren, da ihm ſein Orden die
Tonſur zur Pflicht machte, völlig ſchwarzes
Haar. Oefteres Kämmen mit einem bleiernen
Kamme, beſonders, wenn man unter die gewöhnliche Pommade gute Storaxeſſenz miſchet,
befördert gleichfalls das Schwarzwerden der
Haare.

Unter den Mitteln, welche die Augen
hell, glänzend und geſund erhalten, nimmt

das kalte Wasser die erste Stelle ein, man versäume daher nie beim Aufstehen und Schlafengehen sie damit zu baden; man kann sich dazu der gewöhnlichen Augenbader bedienen.

Gesunde und weiße Zähne sind die höchste Zierde des Mundes und ein Zeichen der Gesundheit. Gutes Zahnfleisch muß hart anzufühlen, nicht weich, nicht geneigt zum Bluten seyn. Die Farbe muß zinnoberroth seyn, nicht bläulich oder dunkelroth. Es muß über die Zähne gehen, so daß die Zähne hervorragen. Wer solch ein Zahnfleisch hat, braucht nichts, als täglich mit einem kleinen Schwamm, in frisch Wasser getaucht, über Zähne und Zahnfleisch wegzufahren, sie vom Schleim zu reinigen.

Das Zahnfleisch muß täglich ein bis zweimal mit den Finger gestrichen werden, bei den untern Zähnen nach oben hin, und bei den obern nach unten, damit sich kein Weinstein und Schleim zwischen Zahn und Zahnfleisch setzen kann.

Wer schlechtes Zahnfleisch hat, muß es täglich mit einem zusammenziehenden Pulver reiben, z. B. mit feiner China. Man reibt es auf das Zahnfleisch, läßt es eine Weile sitzen, sodann reibt man es mit Wasser vermittelst des Fingers auf dem Gaumenfleisch hin und her.

Auch thut folgendes Zahnfleischelixir vortrefliche Wirkung:

Zimmt	1 Unze.
Gewürzneglein	2 Drachmen.
Die Schale von	4 Zitronen.
Trockne rothe Rosenblätter	1 Unze.
Brunnenkresse	1 Handvoll.
Pyrethrawurzel	1 Unze.
Salbei	1 —
Löffelkrautsspiritus	2½ —
Weingeist	10 —

Alles muß wohl gestoßen und in eine gläserne Bouteille gethan werden, und dann 24 Stunden auf heißem Sande einziehen. Wenn man davon Gebrauch machen will, gießt man eine halbe Theetasse voll in ein Glas, gurgelt und wäscht das Zahnfleisch damit, vermittelst eines Schwämmchens. Dieses kann täglich einigemal geschehen.

Bei guten Zähnen sind folgende Regeln zu beobachten. Alle Morgen müssen die Zähne vermittelst eines in lauwarmes Wasser getauchten Schwämmchens vom Schleime gereinigt werden; ganz kaltes Wasser ist eben so schädlich, als heißes Trinken und Essen; doppelt schädlich ist es aber, wenn Kälte und Hitze an den Zähnen plötzlich abwechselt, wenn man z. B. auf warmes Essen sogleich kalt trinkt.

Das Hin- und Herreiben mit einer Bürste oder einen Schwamm taugt nichts, dadurch kommt Unreinigkeit zwischen die Zähne, man muß bloß die Zähne oben und unten abreiben.

Gleich nach dem Essen muß der Mund mit Wasser ausgespült, und der Gebrauch der Zahnstecher so lang als möglich vermieden werden. Die von Federkielen fein geschnittene sind indessen unter allen die besten.

Wes schlechte Zähne hat, muß Zahnpulver gebrauchen. Zitronen, Kremor-Tartari macht zwar die Zähne weiß, aber sie sind auch, so wie jede Säure, dem Email schädlich.

Ist bloßes lauliches Wasser nicht hinreichend, den Schleim oder die sogenannte Weinsteinmasse von den Zähnen fortzuschaffen so kann man sich des Pulvers aus schwarzgebrannter Brodrinde, oder auch folgenden Zahnpulvers bedienen, das die Zähne wohl reinigt, das Zahnfleisch befestiget, und zugleich einen angenehmen Athem giebt. Man nimmt:

Gute Mekkabohnen braun gebrannt 2 Loth.
Myrrhe, beste Sorte = = $\frac{1}{2}$ —
Gumilak = = = = = $\frac{1}{2}$ —
Kaskarille = = = = $\frac{1}{2}$ —
Römischen Alaun = = = $\frac{1}{2}$ Quent.

Dieses alles wird zu einem nicht gar zu feinen Pulver gestoßen, wozu noch ein Quentchen zerriebene frische Zitronenschale gemischt wird. —

Auch ist folgende Latwerge ein vortrefliches Mittel zur Erhaltung schöner Zähne. Man nimmt:

Rothe Korallen = = = $\frac{1}{2}$ Unze.
Drachenblut = = = 2 Drachmen.
Knochen vom Balkfisch = 2 —
Kokuskörner = = = 10 Stück.
Bimsstein = = = = 1 Unze.

Nelkenöhl = = = = 20 Tropfen.
Zimmetöhl = = = = 30 —

Narbonischen Honig, so viel als nöthig ist, um eine Latwerge daraus zu machen. Die übrigen Ingredienzien werden fein gepulvert und durch ein feines Sieb gesiebet.

Alle Zahnpulver dürfen aber nur so lange gebraucht werden, als die Zähne unrein sind, und wenn sie es nicht mehr sind, werden sie bloß wieder mit frischem Wasser gereinigt. Entstehen übrigens die Krankheiten der Zähne durch innere Ursachen, Verderbniß der Säfte, so muß ein Arzt die Krankheit untersuchen, und die Mittel bestimmen. —

Wenn der Busen den von der Natur ihm vorgesteckten Grad der Vollkommenheit erreichen soll, so muß man bei dessen Bekleidung durchaus darauf sehen, daß er auf keine Weise gedruckt, gepreßt oder gereizt wird. Es ist eine für die Schönheit und Gesundheit der Brüste äußerst schädliche Gewohnheit, durch Schnürleiber, von welcher Art sie auch sind, sie erhöhen zu wollen, denn sie werden schlaff, und sinken, so bald jener Druck von außen aufhört, nur desto tiefer herunter.

Da die Brustwarzen hierdurch eingedrückt werden, und sich zurückziehen, so ist auch dieser Gebrauch für eine künftig säugende Mutter offenbar nachtheilig. Man hat Beispiele, daß das zu starke Pressen die Milchgefäße so verengt hat, daß sie zur Absonderung der Milch gänzlich untauglich wurden, woraus denn Entzündung, Geschwülste, Aufbrechen und dergl. entstanden ist.

Um die schöne weiße blendende Farbe des Halses und des Busens zu erhalten, muß man dieselben nie der Abendluft aussetzen, anstatt seidener Tücher feine leinwandne tragen, und sie öfters mit einem weißen reinen Tuch abreiben, da sonst die in den vielen Schweißlöchern und Drüsen dieser Theile leicht stockende Fettigkeit, eine gelbliche Farbe verursachen. —

Das zu ofte Waschen der Hände macht die Haut trocken und hart, und nimmt ihm diejenige Geschmeidigkeit, ohne welche sie aufhört schön zu seyn. Das Waschen mit der gewöhnlichen Seife und Seifenspiritus ist daher zu vermeiden.

Zur Erhaltung schöner, weicher und weißer Hände ist folgendes Mittel sehr dienlich. Man nimmt:

Abgeschälte bittre Mandeln	16 Loth.
Kraftmehl = = = =	3 —
Den Dotter von = =	4 Eiern.
Weißen Wein = = =	1 Quart.

Dies alles wird in einer Pfanne unter beständigem Herumrühren zu Vermeidung des Anbrennens, bei gelindem Feuer gekocht. Die Masse wird nachher in eine steinerne Büchse gethan, man nimmt des Morgens und Abends eine welsche Nuß groß davon, um die Hände in weichem und reinen Fluß- oder Regenwasser damit zu waschen.

Zu dem nämlichen Gebrauch ist auch folgendes Mittel vortreflich. Man nehme:

Bittre geschälte Mandeln	8 Loth.
Süße geschälte Mandeln	4 —
Weißen Senffamen =	2 —
Weißes Bohnenmehl =	2 —
Weiße Brodkrume = =	4 —
Geflossenes Weinsteinsalz	3 —
Ochsengalle = = =	1 —
Das Eyweiß von = =	4 Eyern.

Zitronensaft von = = 2 Zitronen.
Geläuterten = = = 3 Loth.

Dies alles wird in einem steinernen Mörsel unter lange fortgesetztem Reiben in eine Masse verwandelt, wozu man während des Reibens etwas Lavendelöl gießen kann. Um die Hände fein und weich zu erhalten, ziehen viele Frauenzimmer des Nachts über Handschuh auf, die inwendig mit Mandelöl bestrichen worden sind.

Die beste Art zu diesem Zweck dienliche Handschuh zuzubereiten ist folgende: Man wäscht Waschhandschuh so lange in reinem Fluß= oder Regenwasser, bis das Wasser ganz hell und rein davon abläuft: hierauf wäscht man die Handschuh noch einmal, besonders mit Rosenwasser, und trocknet sie im Schatten. Wenn die Handschuh auf diese Art zubereitet sind, durchreibt man sie so lange mit frischen Eydottern, bis sie davon ganz und gar durchdrungen sind. Man läßt alsdann die Handschuh abermals allmählich trocknen, und durchreibt sie wiederum mit einem Theil Lavendelöhl und mit sechs Theilen frischen Mandelöhl zugleich, und hängt sie hierauf an die Luft. Zuletzt rollt man sie mit einem Rollholze, und bedient sich derselben auf die bestimmte Art.

Wenn die Nägel an den Fingern den Händen zur Zierde dienen sollen, werden folgende Eigenschaften dazu erfordert. Die Nägel müssen mehr lang als breit seyn, doch sollen sie nicht über den Finger hinaus wachsen; es steht vielmehr gut, wenn das Fleisch des Fingers etwas weniges unter dem Nagel hervorragt. Sie sollten erhaben, rund, und nicht platt gedrückt seyn; sie müssen schwach, röthlich, und der hintere Theil, der kleine Mond genannt, muß groß seyn und weiß aussehen; die ganze Oberfläche der Nägel muß glänzen.

Man hat wenig zu beobachten, um den Nägeln diese Schönheit zu geben. Der vordere schwarze Rand der Nägel, der über die Finger hinauszuwachsen pflegt, muß öfters abgeschnitten werden, so oft nämlich, als er wieder etwas gewachsen ist. Zum Beschneiden der Nägel muß man sich durchaus scharfer Instrumente, eines Federmessers oder einer Nagelscheere bedienen, die nicht einreißen und

split=

splittern; die Ränder müssen überall gleich abgeschnitten und zuletzt fein und glatt abgeschabt werden, damit keine spitzige Ecken bleiben. Durch das öftere Abschneiden werden die Nägel in gutem Wachsthum erhalten, wodurch sie dann nicht nur mehr in die Länge wachsen, sondern auch dünner und durchsichtiger werden, und also jenes schöne durchscheinende Inkarnat erhalten.

Die schöne Wölbung giebt man den Nägeln, wenn man die Finger an den Spitzen öfters gelinde zusammendrückt. Personen, die durch Handarbeit die Finger immer andrücken, haben daher gewöhnlich platte Nägel.

Waschen und trocknen muß man die Nägel nie abwärts, sondern aufwärts, die Haut wird dadurch allmählich mehr zurück geschoben; das Oberhäutchen, welches hinten am Nägel wächst, muß öfters mit einem stumpfen Messer losgeschabt und zurückgeschoben werden; hierdurch wird der Nägelmond größer, weißer, und der Nägel verlängert.

Unterläßt man dieses Zurückschieben, so wächst die feine Haut an der Nagelwurzel zu stark hervor, und es entstehen die sogenannten Neidnägel, welche aber nie abgerissen, sondern mit einer scharfen Scheere abgeschnitten werden müssen.

Die Nägel selbst dürfen nie abgeschabt werden, wenn sie ihren Glanz nicht verlieren sollen, welcher blos dadurch verschafft wird, daß man sie sauber hält.

Man kann sie zuweilen mit Zitronensaft oder mit starkem Weinessig waschen, welches die Haut befestigt und die Nägel schön macht.

Anmerkung.

Alle bisher zur Verschönerung des Körpers vorgeschriebene Mittel und Recepte rühren von einem praktischen Arzte her, der selbst die glücklichsten Proben damit gemacht hat, sie können daher durchgängig unter den vorausgesetzten Bedingungen, als zweckmäßig und unschädlich empfohlen werden.

Es ist übrigens nicht nöthig, von diesen Recepten und Mitteln sogleich die ganze vorgeschriebene Portion zu bereiten, sie können zu den beliebigen Versuchen erst zur Hälfte selbst oder in der Apotheke und dann wiederholentlich verfertigt werden.

Ueber die weibliche Verschönerung durch Kleidung.

─────

In keiner Art des Putzes hat die Eitelkeit der Weiber oder vielmehr ihr verdorbener Geschmack, so einen weiteren Spielraum gefunden, als in dem Kopfputze, und doch ist unstreitig der Darstellung weiblicher Schönheit nichts nachtheiliger, als die üble Wahl des Kopfs- und Haarschmucks.

Man sehe nur einmal jene bald viereckte, bald platte, bald zugespitzte, geflügelte, mit Draht verklammerte, aufgenadelte Figur auf dem Kopfe, die ohne alle denkbare Absicht und Endzweck auf dem geblähten Haarbau sitzt, weder vor Kälte, noch vor Wärme schützt, und die Proportion des Kopfes zum übrigen Körper verdirbt. —

Ober jenen ins unendliche vervielfältigten oft erborgten falschen Lockenbau, jene in die Höhe gethürmte, aufgeschwollene Frisur, die obendrein noch mit buntgefärbten papiernen oder leinenen Blumen oft mitten im Winter, wenn Eis und Schnee die Erde deckt, wo uns die Natur keine einzige Blume schenkt, ausgeputzt ist, muß hier nicht der Begriff der Unnatürlichkeit sich zu dem eklen Kunstwerke gesellen, ihm das häßlichste Ansehen geben und das Auge beim ersten Anblick wegscheuchen? —

Neue Moden gefallen immer, sie mögen so unnatürlich seyn, als sie wollen, und — sagt oder denkt vielleicht manches Mädchen — „wer sie nicht mitmacht, gefällt nicht."

Aber meine junge Schöne, wem wollen Sie denn lieber gefallen, einem albernen Geck, einem Narren, oder einem Jüngling, einem Manne von Geschmack, von Gefühl für Wahrheit, Harmonie und Natur? Glauben Sie nur nicht, daß die größere Hälfte des Männergeschlechts, im Punkte des Geschmacks an weiblicher Verschönerung, zu der ersten Klasse gehört; selten weichen Männer so weit von der Natur, daß sie prunkvollen Putz dem kunstlosen Schmuck vorziehen.

Der übel verstandene Reiz der Neuheit, den das schöne Geschlecht überall zu erzwingen sucht, und selbst seine Veränderlichkeit und Unbeständigkeit ist die Grundlage der unablässig wechselnden Moden. Aber die tägliche Abwechselung der neuen Moden giebt grade ihren verkehrten Ursprung zu erkennen. Denn das wahre Schöne kann doch unmöglich in das Entgegengesetzte abändern! —

Am meisten betrügen Sie sich, meine Schönen, wenn Sie diesen Reiz Ihrem Kopfputze beilegen wollen; wir suchen ihn wahrlich nicht in Ihrem künstlichen Lockenbau, nicht in Ihrem Kopfzeuge nach dem neusten Geschmack; wir suchen ihn vielmehr in dem ungezwungenen Ausdruck ihres Gesichts, Ihrer heitern lächelnden Miene. Wie ist es aber möglich, oder vielmehr wie albern läßt es, sich in einem hochaufgethürmten, durch vielfache Kunst emporgedrungenen Kopfputze, die lächelnde Miene eines freien, natürlichen und ungezwungenen Anstandes zu geben? —

Frei walle das Haar um Ihren bleibend weißen Nacken in ungezwungenen Locken herab, und höchstens ein Band von gut gewählter Farbe erhebe des Hauptes Zierde, ein gut gewählter Hut schütze es im Winter vor Kälte, im Sommer vor den brennenden Strahlen der Sonne, ohne daß die verderbliche Hand des Künstlers der Haare natürlicher Schmuck entweihe.

Dies ist der Putz, meine junge Schöne, wodurch jede Wendung Ihres Kopfs freier und natürlicher wird, mehr Leben und Kraft erhält, weil nichts die volle Wirkung des natürlichen Ausdrucks der Empfindung hindert; und wenn das Auge von keinen Nebensachen abgezogen wird, müssen Sie da nicht auf das Gefühl jedes unverdorbenen Jünglings den größten Eindruck machen? —

Wenn der Künstler die Liebe in dem Augenblicke vorstellt, wo sie absichtlich reizen will, so läßt er sie unter einem runden Hut schalkhaft hervorlächeln, weil grade dieser Kopfschmuck diesem Lächeln so günstig ist. Die Grazien wird er aber offen und frei in herabwallenden Locken, mit wehendem Haar ſchmuck und in einer leichten, nachläßig ſchwebenden Stellung, darſtellen. —

Die Schnürbruſt wirkt grade das Gegentheil von dem, was man durch ſie zu gewinnen hofft: ſie ſoll den Körper verſchönern, und ſie verunſtaltet ihn. Die Augen der Zergliederer haben längſt entdeckt, daß keine einzige von den geſchnürten Schönen ihren graden Wuchs behält. Im Grunde thut alſo die Schnürbruſt noch eben das, wozu ſie erfunden ward, ſie verhüllt einen Fehler der Bildung, nur mit dem Unterſchiede, daß ſie ihm an der vollkommenen Bildung zuerſt hervorbringt.

Alle geſchnürte Frauenzimmer, ſagt Sömmering in ſeiner vortreflichen Preisſchrift, bekommen wenigſtens eine hohe Schulter, wenn ſie nicht noch ärger verwachſen. Es iſt dies die natürliche Folge der Gewalt, welche die Rippen zuſammen preßt, die Bruſthöle verengt, und einen von der Natur ordentlich aufgerichteten Kegel vom Knochen umkehren und auf die Spitze ſtellen will; denn das Gerippe des weiblichen Körpers iſt ſo zart, daß es nicht einmal Stäbe von Stahl und Eisen bedarf, um es in eine widernatürliche Lage zu zwängen.

Außerdem hat die Schnürbrust einen nachtheiligen Einfluß auf die Gesundheit; sie erschwert das Athemholen, sie hemmt die Verdauung, sie vermehrt das Ungemach der Schwangerschaft, vervielfältigt die Gefahren der Entbindung, macht die Brüste zum Stillen untüchtig, veranlaßt oft das fürchterlichste, ekelhafte, fast unheilbare Uebel, den Krebs an diesem schönen Theile des Körpers, und verursacht eine große Anzahl von weiblichen Krankheiten.

Dies alles ist unwiederleglich bewiesen, kann nimmermehr geläugnet werden, und dennoch trägt man Schnürbrüste nach wie vor. Gewiß ein merkwürdiges Beispiel mehr, daß durch Beweise bei dem Menschengeschlechte leider wenig ausgerichtet wird, daß die Quelle seiner Handlung oft anderswo, als im Kopfe liegt. —

Wenn Beweise etwas vermöchten, so empfingen wir nicht nur grad gewachsene Schönen aus der Hand der Natur, sondern wir hätten auch keine empfindsame Jungfern,

keine hiſteriſche Frau, keine Sonambulen und
Clairvoyanten, keine Goldmacher und Geiſter-
ſeher, keine Deiſten und Atheiſten u. ſ. w.

In der That, ſollte nicht von jenem
Druck, dem ſelbſt die Knochen weichen, das
Nervenſyſtem eine weſentliche Veränderung
erleiden müſſen? Sollte nicht die Schnürbruſt
dem Willen wie dem Schulterblatt einen kleinen Höker aufdrücken, und die Einbildungskraft etwas verſchrauben, oder mit einem
neuern Kunſtwort, exaltiren können?

Oder wäre vielleicht an der Beibehal-
tung der Schnürbrüſte der verderbte Geſchmack der Männer ſchuld, die als Sklaven
der Gewohnheit, noch immer in der Trichter-
form ein Ideal der Schönheit erblicken, welches wohl dem Schneider, aber nicht der Natur erreichbar iſt?

Nichts iſt der weiblichen Geſtalt vor-
theilhafter, als eine ungezwungene, mit edlem
Anſtand verknüpfte, gleichſam ſchwebende
Haltung des Körpers. Durch ſie vorzüglich
geht Reiz und Leben, und hoher Zauber in
Geſtalt, in jeden Ton der Stellung und Gebehrden über. Iſt hingegen die Haltung des

Leibes gezwungen, so müssen nothwendig alle übrige Stellungen, Wendungen und Gebehrden gleichfalls gezwungen seyn. Nun ist aber bei einer Schnürbrust eine freie und natürliche Haltung des Körpers unmöglich; folglich müssen auch alle Stellungen und Gebehrden eines solchen eingeschnürten Mädchens, das Gepräge des unnatürlichen Zwanges an sich haben. Keine fließende Umrisse, keine sanfter Rundungen, nicht jede liebliche schlängelnde Allmählichkeit, sieht man hier, worauf das männliche Auge so gerne hingleitet — das Wesentliche eines schönen Wuchses ist gänzlich verloren.

Ein so gepanzertes Frauenzimmer ist keines natürlichen Anstandes, weder in Gesprächen, noch in Maniren und Gebährden fähig. Bei heiterer munterer Unterhaltung müssen Stimme, Gebehrden, Stellung, Wendung, Bewegung der Gliedmaßen, ein harmonisches Ganze ausmachen. Wie ist aber diese lebhafte Regsamkeit, die den Muskeln des weiblichen Körpers so eigen ist, und ihm so große und unwiderstehliche Reize verschafft, bei einem eingeschnürten Frauenzimmer möglich, wo die Haupttheile gepreßt, gespannt, gedrückt sind, und dieser zwangvolle Zustand auch die übrigen Theile des Körpers in ihrer leichten Wirksamkeit hindert? —

Noch auffallender wird eine solche steife Figur beim Tanze, wo die weibliche Gestalt die günstige Gelegenheit hat, sich in ihrer biegsamen Geschmeidigkeit, in ihrer bezaubernden Leichtigkeit zu zeigen. Wie sie da in steifer Gradheit, in schiefen Stellungen umhertritt, die gepanzerte Schöne, anstatt daß sie bald in dem feierlichen Menuet, edlen Anstand, gefällige Grazie, und sanfte Allmähligkeit in ihren schönen Bewegungen, bald in den lustigen Quadrillen, erhöheter Freude in den stärker bewegten Muskeln, ausdrücken sollte. —

Warum bedienen Sie sich denn nicht der englischen Schnürleibchen, meine Schönen, wenn Sie doch ihren Wuchs veredeln und ihre Taille verschönern wollen? Diese haben nicht jenes Steife und Panzermäßige, welches die natürliche Ausbildung der Theile hindert, und da sie dem Körper eine vollkommene freie Wirkung geben, so kann sich die Schönheit der Natur gemäß entwickeln. Sie bestehen nämlich aus einem Korsett, welches sich an den Hüften auf eine leichte Art anschmiegt, und den Busen emporhebt. Ein Band, welches über die Achsel schwimmt, hält das Korset gelinde zusammen. Da das Bruststück nie höher, als bis an den Sitz des Busens reicht, so hat dieser alle Freiheit sich zu bewegen.

Ein ganz enthüllter Busen verträgt sich eben so wenig mit der Sittlichkeit als dessen wulstige bis zu einem ungeheuern Kontour aufschwellende Bedeckung, denn hierdurch reizt man absichtlich die Phantasie zu einem üppigen Spiele. Aber auch der Schönheit schadet diese von invaliden Schönen erfundene bis ans Kinn emporstrebende Bekleidung des Busens. Die Lichtpartheien dieser weißen Mäße sind viel zu grell und zu abstechend gegen das sanftere weichere Inkarnat des Gesichts. Die Wiederscheine dieser Mäße sind gleichfalls zu schneidend und stören die schöne Farbenharmonie des Ganzen, beschneiden die Umrisse der Formen zu scharf. Ein

Kopf, der durch eine solche weiße Masse gleichsam abgeschnitten ist, sieht aus wie ein Theil, der nicht zum Ganzen gehört. Ueberdies bekommt die ganze Figur ein steifes Ansehen, das, wo nicht mit der Leichtigkeit, doch mit dem Reiz der Bewegung in Widerspruch stehet. —

Ist aber der Busen nur leicht verhüllt, wie sanft ist dann der Uebergang der Farben! Wie schön verliert sich das höhere Inkarnat des Gesichts in die Weiße des Halses und Busens, durch allmählige Abstufungen! Wie leicht ist die Gewandheit des Kopfs, wie bedeutend jede Nuance von Bewegung. —

Je mehr wir berechtigt sind, bei dem weiblichen Geschlechte ein feineres Gefühl für Schönheit und Verschönerung, einen zärteren eigenthümlichen Sinn für Schicklichkeit und Wahrheit, zu erwarten, desto mehr muß es uns auffallen, in Ansehung der Wahl und Anordnung der Kleidungsstücke, jenen glücklichen Zartsinn so oft zu vermissen, statt Ausdruck der weiblichen Natur, Harmonie, Ordnung und Uebereinstimmung der Theile zum Ganzen, Entfernung von der Natur,

Mißverhältniß und Verunstaltung in der Form zu erblicken.

Alles was nicht einen wesentlichen Theil des Körpers hebt, unterstützt, angenehmer macht, was blos angehängt, angeklebt, angezwungen ist, was der weiblichen Gestalt ein misförmiges Ansehen giebt, muß einen höchst unangenehmen Eindruck machen, der Wirkung des Ganzen schaden, und die schönste gefälligste Figur entstellen.

Alles was den Anschein von steifer Eckigkeit und Ungelenksamkeit hat, ist nachtheilig, weil der Ausdruck von Rundung, Sanftheit, regsamer Geschmeidigkeit, die ursprüngliche Zeichnung der weiblichen Schönheit, ausmacht.

Alle übertriebene, überhäufte Verzierung, alle aufgeblähete Kunst, verträgt sich nicht mit dem reinen Ausdruck der weiblichen Natur, und verdunkelt die schönsten Eigenschaften.

Ein schönes Frauenzimmer, welches in einem reichen, gekünstelten, stark hervorstechenden, von Geschmeide strotzenden Putze erscheint, schadet sich besonders dadurch, daß das Auge von der natürlichen Schönheit abgelenkt und nur zur Betrachtung und Bewunderung des Schmuckes gereizt und angezogen wird; der Blik des Beschauers hängt blos an der Kleidung, und vergißt darüber die Person, die sie trägt.

Diese Wahrheit wird durch die Wirkung des schwarzen Kleides sehr deutlich bewiesen, denn es ist eine alte Bemerkung, daß die Schönen vornämlich in der Trauer gefallen, und das häßliche Personen im schwarzen Trauerkleide nur noch häßlicher zu seyn scheinen. Die Ursache hiervon liegt theils in der Stimmung für Mitleiden und Liebe, und dem dadurch erregten Interesse an der Person, welche in Trauer gekleidet ist, noch mehr aber darin, daß nicht mannigfach geschleifte Bänder, nicht Schmuck von tausend Farben, keine Diamanten, keine blitzenden Armbänder, keine Medaillons oder Gemählde die Augen aufhalten, sondern daß sie an dem einfachen farbenlosen Gewand hingleiten, und nichts als die Gestalt und das Gesicht umfassen.

Ist nun das traurende Frauenzimmer schön, so wird nichts als seine Schönheit beschen; das Auge, mit einem Herzen in mitleidiger liebevoller Stimmung, ruht nur allein auf ihr und wird durch nichts zerstreut. Ihre Schönheit verrichtet ihre ganze Wirkung. Ihre melancholische Miene, ihre betrübten Blicke, ihr Seufzen erhöhet den Reiz, und sie besiegt die Herzen ohne daran zu denken.

Ist hingegen die Trauernde so unglücklich, ein häßliches Gesicht zu haben, so muß diese Häßlichkeit um so stärker wirken, da das Auge nicht auf dem reizenden Schimmer ihres Putzes verweilen, nicht den Werth ihrer Steine sich wünschen kann, da nichts da ist, was seine Aufmerksamkeit von der Häßlichkeit ableiten könnte.

Daß dies alles von vielen unserer Damen vielleicht oft nur dunkel gefühlt wird, bemerkt man häufig genug, denn man sieht besonders die Häßlichen im übertriebenen Putz; dies möchte ihnen denn auch wohl noch eher hingehen, als den Schönen: aber völlig geschehen ist es um die Häßlichen, wenn sie den ersten immer unangenehmen Eindruck, nicht bald durch die Vermuthung eines innern höhern Werths zu vertilgen im Stande sind,
und

und wenn Anmuth der Seele nicht wirklich die Stelle der Schönheit des Körpers vertritt. —

Will das Frauenzimmer durch die Kleidung seine Schönheit erhöhen, so müssen folgende allgemeine Regeln bei seiner Toilette herrschen: Alles muß nach der besten und zuverlässigsten Art gewählt und angeordnet seyn, daß sich die ganze Gestalt, nach der Beschaffenheit einer gewissen Absicht und nach den jedesmal eintretenden gesellschaftlichen Verhältnissen vortheilhaft und angenehm darstelle; daß dieselbe als ein unzertrenntes Ganze erscheine, worin weder Mangel noch Ueberfluß ist; daß jeder kleine Zierrath, jede Ausschmückung durch den Ort, wo sie angebracht ist, die Wirkung des Ganzen befördern, daß die ganze Gestalt mit Vergnügen übersehen, und jeder Haupttheil in der Vorstellung derselben wohl bemerkt werde, und daß endlich die Betrachtung jedes einzelnen Theils auf eine natürliche Weise zur Vorstellung der ganzen Gestalt führe. Nur unter diesen wesentlichen Bedingungen ist es möglich, durch Kleidung den Zauber der weiblichen Gestalt zu begünstigen.

Es ist nur allein jene schöne Rundung in den Formen, die das Auge täuschen und das Herz fesseln, jene sanfte Mannigfaltigkeit in den Farben und Falten, jene allmähligen Erhöhungen und Vertiefungen im fließenden Gewande, die in jeder Bewegung so vielfältig und reizend wechseln, die sich so leicht dem Bau des Körpers anschmiegen, daß man die Lage, Beugung und Umrisse der Gliedmaßen mehr merken als deutlich sehen kann, darinn besteht die einfache Kunst sich durch Kleidung zu verschönern.

Es ist ein bloßes Vorurtheil, wenn man meint, der feierliche, festliche Anzug bestehe nur in reichen, seltenen und theuren Stoffen; in einer zahllosen Menge von Perlen, Brillanten u. s. w.; dem gaffenden Pöbel ist es freilich ein auffallender Anblick, er bemerkt vor allem Reichthum die Dame nicht, aber der verständige Mann, wendet seinen Blick vor Ekel und Mißfallen hinweg.

Wenn allenfals noch ein Diamant, eine Perlenkette, eine wehende Feder, schicklich und ohne Zwang angebracht, ein reiches kostbares Gewand in einem hohen Schwunge, bei einer Dame von ausgezeichneter Bildung des Körpers, von hohem Wuchs, bei einer von Anmuth gemilderten Würde in ihrer Miene, eine den Ausdruck des Ganzen erhöhende Wirkung thun; so ist hingegen der Mißlaut in der Empfindung des Mannes desto größer und unerträglicher, wenn ein Weibchen mit kleinem zarten Gliederbau, in dessen körperlicher Gestalt sich eben so wenig, als im Ausdruck des Geistes, ein einziger Zug von Größe ankündigt, von Prachtgeschwulst strotzend erscheint.

Der Zweck des weiblichen Anputzes ist nichts anders als erhöhete und verschönerte Darstellung der natürlichen Schönheit, der natürlichen Reize; diese Wirkung kann aber nur denn hervorgebracht werden, wenn die Kleidung in der genauesten Uebereinstimmung mit Gestalt, Gesichtsbildung und deren karakteristischen Ausdruck steht; denn jedes sinnliche Objekt ist überhaupt nur dann schön, wenn ihm sichtlich alles das zukömmt, was ihm nach seiner Bestimmung zukommen muß.

Auf diesen wichtigen Gesichtspunkt wird daher das Frauenzimmer ein vorzügliches Augenmerk richten müssen.

Das Kleid muß nämlich in nähere Beziehung auf den Kontour des Körpers stehen. Allzu dicke und allzu magere Körper sind zwar überhaupt nicht schön; wenn aber überdies dicke Personen den Umfang ihrer Gestalt durch ganze enge Kleider und von dünnen Zeugen verbergen, oder wenn lange magere durch Kleiderwulst den Mangel an körperlichem Umfang ersetzen wollen, so beleidigen sie jedes ästhetische Gefühl, denn sie setzen sich in Widerspruch mit sich selbst; einem dicken Körper in einer engen Kleidung, kommt nicht zu, was ihm zukommen muß, nämlich leichte und ungezwungene Bewegung, und für einen magern Körper, ist ein weites Kleid kein Bedürfniß zu einer solchen Bewegung.

Eben so widersprechend ist das Schönheitsgefühl, und beleidigend ist es, wenn ein Frauenzimmer, dessen leichte, scherzende, fröliche Gemüthsart, in ihrem beweglichen Gliederbau zugleich sinnlich dargestellt ist, in einem steifen, ernsten, feierlichen Anzuge erscheint; sie zerstört, was die Natur mit so vieler Absicht angelegt hat, ob es gleich von ihr abhängt, den ihr angeschaffenen natürlichen Zauber, durch ihrem Karakter angemessene Kleidung, unendlich zu erhöhen.

Durch die Farben des Gewandes kann nicht nur eine große Mannigfaltigkeit und ein hoher Reiz der Neuheit bewirkt, sondern auch der natürliche Ausdruck des ganzen Karakters erhoben und in einem schöneren Lichte dargestellt werden. Denn schon in den Farben blos allein liegt ein gewisser Anschein von Fröhlichkeit und Traurigkeit, von Lieblichkeit und Anmuth, von sanfter Wehmuth und strengem Ernste. —

Welch einen erhöheten Ton von Fröhlichkeit und Aufheiterung kann nicht ein rosenfarbenes oder leichtgestreiftes Gewand in die Gesichtsbildung bringen, so wie ein himmelblaues Gewand diesen Ton schon mehr zum sanft Wehmüthigen oder einer stillen Zufriedenheit herabstimmt. —

Ein schwarzes Kleid hat den Ton der tiefsten Trauer. Wie unnatürlich läßt es da her, wenn ein Frauenzimmer in einem solchen schwarzen Gewand, übermüthig und ausschweifend lustig ist, in einem Gewand, wo nur stiller Ernst, nur zärtliche innige Wehmuth und feierliche Trauer auf dem Gesichte herrschen sollte! —

Eben so wie die Farben ist der Zuschnitt des Kleides zur Unterstützung des Ausdrucks des Karakters geschickt. Ein geschmackvoller Zuschnitt muß das Verhältniß der Theile des Körpers bezeichnen, er muß weder zu lang und kurz, noch zu altväterisch seyn, wenn er einen angenehmen Eindruck machen, und oft selbst betagte Frauen verjüngen soll.

Die Falten des Gewandes bieten dem schönen Geschlecht überaus viele schlaue Anordnungen dar, das Auge zu täuschen und die Seele in angenehme Bewegungen zu setzen. Sie müssen den Körper bekleiden, aber nicht einwickeln, ihre Ueberhäufung und Einförmigkeit, ihre Härte und Steifheit muß vermieden werden. Wenn die Falten durch Weichheit und zarte Biegungen die sanften Uebergänge der Glieder und Muskeln und ihr freies Spiel durchschimmern laſſen ſollen, ſo müſſen ſie weder unordentlich gelegt, noch gekünſtelt oder zu ängſtlich hingezwungen ſeyn.

Reichthum und Mannigfaltigkeit der Faltenwerfung giebt der Kleidung eine Art von Lebendigkeit; Ueberfluß und Unordnung aber verwirrt das Auge, und zieht es von andern wichtigen Hauptheilen ab.

Deswegen können keine reich mit Gold und Silber durchwirkte Kleider, keine aufgeſteifte, durchgenähete Röcke gefallen, denn es fehlt ihnen gänzlich an Faltenwurf.

Die Falten müſſen bei einer jeden Wendung und Stellung, bei einer jeden Biegung der Gliedmaßen eine andere Richtung annehmen und nur ſanfte allmählige Erhöhungen und Vertiefungen machen, wodurch die fließende wellenförmige Rundung des Körpers begünſtigt und das Auge auf die reizendſte Art getäuſcht wird.

In der geſchmackvollen Wahl der Farben, der Art des Zuſchnittes, der Falten des Gewandes, und durch ſo viele andere Arten gut angebrachter Verzierungen, durch einen Gürtel, durch Schleifen, Buſentücher, Mebaillons, Federn u. f. w. liegt alſo die große Kunſt der Toilette, wenn die Frauenzimmer durch ihren Anzug gefallen wollen.

Wer hat nicht bemerkt, daß die Geſichts=farbe von dem Widerſchein der Farben in der Kleidung merklich abgeändert, entweder erhöht oder gemildert werde, je nachdem die Farben heller oder dunkler gewählt ſind. Ein roſen= oder nelkenfarbenes Gewand, ein hochrothes Band auf dem Kopfputze, eine lichtfarbene Schleife giebt der Geſichtsfarbe ein friſcheres Anſehen, als eine blaue oder graßgrüne oder gelbe Kleidung. Ein einfar=biges hellgrünes, langes in ſanften Falten herabfließendes Gewand, mit einem einfachen, lichtrothen Bande um der Haare fliegenden Schmuck gewunden, giebt einer jungen Schöne ein jugendlich feierlich=erhöhetes An=ſehen, ſo wie ein violettes Gewand dieſes Anſehen ſchon wieder mehr mildert. —

Dunkle Farben ſtehen, z. B. zu einem ſchönen blühenden Teint, gut, und erhöhen überaus die Schönheit des Geſichts. Hinge=gen vertragen ſich mit einem friſchen, rothen Teint nicht die gelben, nicht die violetten oder mutterblauen; mit dem bräunlichgelben nicht die weißen und gelben, mit dem sehr weißen, nicht die gelben.

Die edelsten Farben sind schwarz, weiß, himmelblau, rosenroth und paille, die auch zugleich am besten zusammen harmoniren; z. B. schwarz und paille, himmelblau zu weiß und paille = zu blond, weiß = sanftes Indigoblau und mattes rosenroth — zu Lila nur nur weiß, silbergrau und mattes paille. Kontrastirende und nie gut zusammenpassende Farben sind z. B. grün und hellroth, hellblau und grau, silberfarbe und gelb, schwarz und braun, u. s. w. —

So wenig jede Farbe zu jedem Gesicht, und einerlei Zuschnitt für alle paßt, so ist auch für eine und dieselbe Person nicht immer dieselbe Farbe angemessen und vortheilhaft, die Farben und Zuschnitte in der Kleidung müssen vielmehr nach der Verschiedenheit des jedesmaligen Gemüthskarakters und der eintretenden Nebenverhältnisse zu verschiedenen Zeiten abändern, und denselben allezeit angemessen seyn. Eine Dame würde z. B. viel verlieren, wenn sie in die Oper oder auf dem Ball, oder bei einem frölichen Hochzeitfeste in demselben Anzuge erscheinen wollte, in welchem sie in die Kirche zum Abendmahl geht.

Auf dem Ball soll muthwillige Laune, lustige Frölichkeit in ihrem Karakter hervorstechen, und in ihrem Anzuge, in der Bewegung ihrer Glieder soll sich diese Fröhlichkeit durch einen angemessenen, ungezwungenen, etwas nachläßigen, gleichsam fliegenden, mehr gerundeten Putz, und durch eine jugendliche, etwas hüpfende freie Leichtigkeit, schon zum voraus ankündigen.

In der Kirche aber, oder irgend an einem Orte, wo die Versammlung etwas feierliches hat, wäre es sehr unschicklich, wenn ein Frauenzimmer in einer Redoutentracht erscheinen wollte. Hier muß feierliche Sittsamkeit in ihrem Karakter herrschen, in ihrem niedergesenkten Blick, in ihrer Miene voll stillem Ernst sichtbar werden, womit eine etwas dunklere Farbe des Gewandes, ein mehr länglicher Zuschnitt des Kleides und sparsamere Falten am besten übereinstimmen.

Eine Dame von hervorstehendem Karakter, von hoher Schönheit, an deren Körper alle Verhältnisse und Umrisse rein ausgedrückt sind, wo jede Stellung edel ist, und sich die weibliche Natur vollkommen entwickelt hat, muß die allzu sorgfältige Ausschmückung eines jeden kleinen Theils vermieden; der einfachste, etwas nachläßige Putz ist grade da am nothwendigsten, wo die Hauptwirkung der natürlichen Schönheit leicht durch Nebensachen gestört, aufgehalten, abgeleitet und auf einzelne Theile zerstreut wird.

Hingegen bedarf eine weibliche Schönheit, die man mehr niedlich und zierlich nennen könnte, mehr Ausschmückung, mehr Verfeinerung und Fleiß im Anzuge, um die in ihrer Gestalt liegende Kraft mehr zu erheben. Sie muß schon auf das Angenehme und Erhöhende der Farben, auf die sanfte Wechselung der Falten, auf den Zuschnitt der Kleidung mehr Aufmerksamkeit wenden, weil ihr jene große Kraft der entwickelten Schönheit, die gleich beim ersten Anblicke rührt und angreift, mangelt. —

Noch eine andere Anordnung im Schmucke bedarf jene Schönheit, in deren ganzen Wesen sanfte Anmuth ausgedrückt ist. Hier kommt es darauf an, das Gemüth des Betrachtenden nicht lebhaft, sondern nur mit einem sanften stillen Vergnügen zu rühren, und in demselben eine durchaus angenehme allmählige Zuneigung zu erwecken; die Farben des Gewandes müssen daher nicht zu frisch und auffallend, der Zuschnitt nicht zu neumodisch, seltsam, und die Falten nicht zu überhäuft seyn, alles muß in ein harmonisches Ganzes so unvermerkt zusammenfließen, daß sich der sanfteste Ausdruck von gefälliger Grazie und Anmuth überall ausdrückt. —

Die Anordnund der Kleidungsstücke und des Schmuckes muß überhaupt so beschaffen seyn, daß nur eine einzige bestimmte Hauptvorstellung von dem ganzen Karakter entsteht, wozu jeder Theil der Kleidung nach seiner Lage und Beschaffenheit das seinige beitragen muß. Wenn das Auge sogleich auf das Gesicht als den Mittelpunkt aller Darstellung, geleitet werden soll, so müssen die Theile untet sich eine solche Harmonie haben, daß jeder einzelne die Vorstellung des Ganzen unterstützt. Es muß nirgends etwas müßiges oder überflüßiges, viel weniger etwas, das die klare und bestimmte Vorstellung des Ganzen schwächt oder hindert, vorhanden seyn. Ein schönes Gesicht bekommt nur von der Schönheit der ganzen Person die volle Kraft des Reizes. Die vollkommene Schönheit des Weibes zeigt sich in allen Theilen zugleich, so wie sich der individuelle Karakter nicht im Gesichte allein, sondern in der ganzen Person überhaupt ausdrückt.

Man sieht hieraus, daß die Schicklichkeit der Kleidung mehr Nachdenken erfodert, als ihre Pracht und Kostbarkeit; daß ein Mädchen durch die gute und geschickte Anordnung ihres auch viel minder kostbaren Putzes sich doch eigentlich prächtiger schmücken und herausputzen kann, als die Dame mit allem ihrem Geschmeide und Reichthum, die blindlings der Mode folgt; daß jene weit gewisser gefällt und reizt, als diese in ihrem ausgesuchtesten Prunk; daß es übrigens sehr unüberlegt ist und einen ungebildeten Geschmack zeigt, wenn ein Frauenzimmer, über die hervorstehende Ausputzung einzelner Theile, die übrigen vernachläßigt. —

Alles meine schönen Damen, was man im allgemeinen über Puz und Kleidung sagen kann, läßt sich in folgendem zusammen fassen:

1) Simplificiren Sie ihren Kopfpuz. Ein Kopf mit einen hundertfältig gelockten Haar ist ein Ganzes, das in unendlich kleine Theile zerschnitten ist; das Gesicht schwindet gegen diese vorstehende Locken, die grellen Lichtpartheien des gepuderten Haars treiben es zurück; der Kopf wird gegen die Masse eines wulstigen Puzes scheinbar kleiner; die Zerstückelung in einzelne Theile hindert und theilt die ruhige Beschauung.

2) Nehmen Sie bei dem Zuschnitt, der Form und Farbe Ihrer Kleidung Rücksicht auf Stand, Alter, Inkarnat, Karakter, Konvenienz, kurz auf all das Individuelle in Ansehung Ihrer Person selbst und der äußern Umstände.

3) Zeigen Sie sich gewöhnlich in dem Anzuge, der Ihnen am eigensten ist, in dem wir sie am öftersten handelnd erblicken, der uns am leichtesten an das eigene Ihres häuslichen Lebens, an das Besondere Ihres Karakters erinnern kann.

4) Vermeiden Sie das Gallakleid. Sie können in demselben nicht anders als steif da stehen, müssen nothwendig lange Weile erregen, da Sie ohne Handlung sind.

Kurz, wählen Sie einen Anzug, der weder preßt noch schwimmt, der nicht zu viel verhüllt und mehr errathen läßt, der jeden Theil erhebt, und alles runder macht; einen Anzug, wo jeder Schmuck nur sparsam angebracht ist, wo nichts mühsam, nichts künstlich hingestickt scheint, wo ihr schöner Geist durch alle Falten blickt, wo jede Kleinigkeit so gut, so regellos und doch zweckmäßig hingestellt ist, daß jeder schöne Zug der Form sich mehr erhöht, sich regt und wallendes Leben zeigt; wo alles sanfter steigt und fließt und täuscht, wo alles sich sondert, hebt und schwebt, und dann in Eins zusammen neigt. —

Dies ist der Anzug, der keiner Mode sklavisch folgt, der nicht puppenmäßig ziert, nicht Gold, noch Silber, noch andere Kostbarkeiten nöthig hat, der sich zu jeder Mode schickt, jedem Mädchenkörper anpaßt, denselben verschönert und auf das reizendste schmückt.

Sie werden aus allem diesen leicht begreifen, meine Schönen, wie unendlich viele Nuancen und Schattierungen möglich sind, die Darstellung Ihrer Schönheit zu vervielfältigen, den Reiz der Neuheit zu erregen, und wie unschicklich und geschmacklos es seyn muß, nur sklavisch der Mode zu folgen, als ob diese die Schönheit bilden könne, und ein ausschließendes Recht habe, schön zu machen.

Untersuchen Sie nur jedesmal, welche Ursache mancher bizarren Mode das Daseyn gegeben hat, die blos deswegen für schön und nachahmungswürdig gehalten wird, weil

sie

sie auffällt. Sie werden finden, daß es meist Gebrechen, Fehler, Mangel der Schönheit sind, denen sie ihren Ursprung verdankt, deren Schein Sie aber eben dadurch auf sich laden, indem sie solche nachahmen.

Selbst in Paris, wo sonst die eigensinnigste aller Despotinnen unumschränkt über ganz Europa herrschte, fängt man an sich der Natur zu nähern, ihr das Geheimniß der Schönheit abzulauschen, und Zweckmäßigkeit als die ersten Gesetze des Putzes anzuerkennen. —

Man sieht jetzt die meisten Pariserinnen in griechischem Kostum gekleidet, daß der Veredlung schlanker Formen, so vollkommen entspricht. Man trägt, so wie die Griechinnen, höchstens ein Untergewand; keine überflüßigen Falten am Kleide beleidigen das Auge; die Faltenwurst ist vorwärts, das Kleid oben stark ausgeschnitten und dessen Rücken schmal und rund.

Die Aermel gehen von den Schultern nur bis zur Hälfte des Oberarms und sind, gefüttert, der übrige Oberarm bis herab zur Hand bleibt entblößt.

Um den Kopf eine leichte höchsteinfache bandweis umschlingende Drapperie; die Haare sind puderlos und stufenweis geschnitten, hinten nachläßig herabringelnd; die Schuhe sind so viel als möglich, ohne Absätze, höchstens mit einer inwendigen Unterlage unter der ganzen Fußsohle.

Und was Sie besonders bei Ihrem Lustwandeln auf der staubigen Promenade beherzigen sollten, meine Schönen, die sie sonst so viel Mitgefühl für das Uebel anderer Menschen haben — die Schleppen sind an allen Kleidungen der Pariserinnen verschwunden, sie gehen nicht so weit herunter, daß man nicht den Schuh völlig sehen könnte. —

Kurz, man ahmet nicht ohne Wahl nach, man nimmt Rücksicht auf Jahre, Wuchs und Kolorit, und überläßt die Nachahmung deſſen, was eine Kokette erfand, um ihre alternden Reize zu verjüngen, ihres Gleichen. —

So fangen Sie doch einmal an, edle deutſche Mädchen, ſich ſelbſt ihren Putz wieder zu erfinden, ihn Ihrer ſchönen Geſtalt anzupaſſen, ohne ihn von einer tyranniſchen Mode zu borgen. Beweiſen Sie, ſchöne Landsmänninnen, daß die Natur, welche Ihnen einen ſo ausgezeichnet ſchönen Körper bildete, Ihnen auch Gefühl, Geſchmack, Kraft und Originalität verliehen hat, denſelben in einem erhöheten und vortheilhaftern Lichte darzuſtellen. —

Vor allen Dingen aber, meine junge Schönen, vergeſſen Sie die goldne Regel nicht: erſt ſchön denken und empfinden zu lernen, ehe Sie durch äußere Schönheit, Anmuth und Grazie gefallen wollen.

Gynäologie, oder über Jungfrauschaft, Beischlaf, Ehe, Liebe, Schönheit und Anmuth, in 10 Bändchen, m. vielen Kupfern.   14 Rthl.

Wer nur einen Blick in die Welt gethan hat, wird überzeugt seyn, daß diese drei Gegenstände in den Geschlechtsverhältnissen den wichtigsten und entscheidensten Einfluß auf das Wohl und Weh der Menschen haben. Alles was hierüber in physischer, moralischer, politischer und historischer Rücksicht gesagt werden kann, was Jedermann hiervon zu wissen unentbehrlich ist, stellt der Verfasser in einem angenehmen Vortrage zusammen, und liefert somit ein Werk, das als das Einzige in seiner Art, die Aufmerksamkeit eines jeden Menschen verdient.

1tes Bändchen: **Zeichen und Werth der verletzten und unverletzten Jungfrauschaft.** 2te Aufl. mit illum. Kupf. 96.   1 Rthl. 12 Gr.
Der jungfräuliche Zustand wird aus seinem physischen, sittlichen, bürgerlichen und religiösen Gesichtspunkte gewürdigt, und nach den Begriffen verschiedener Völker dargestellt.

2tes Bändchen. **Ueber den Beischlaf 1r Thl.** 2te Auflage. 1797. Geschlechtsreife, Zustand der reinen und unreinen thierischen Geschlechtsbegierde, Umfang Grenzen und Ziel des Begattungsgeschäfts, physische und moralische Geschlechtsgebrechen sind unter andern die Kapitel, die für Männer und Jünglinge gleich wichtige Wahrheiten und Warnungen enthalten, mit illum. Kupf.   1 Rthl. 12 Gr.

3tes Bändchen. **Ueber den Beischlaf 2r Thl.** enthält die interessantesten Gemälde aus der historischen Welt, über den nach positiven Gesetzen bestimmten, aus religiösem Aberglauben verabscheuten, und durch Sittenlosigkeit entarteten Geschlechtsgenuß, mit illum. Kupf.   1 Rthl. 8 Gr.

4tes Bändchen. **Das Band der Ehe 1r Thl.** Der bürgerliche Ehestandskoder. Die Behandlung der Eheweiber unter ungesitteten Völkern. Aufmunterung zum Ehestand. Strafen der Ehelosigkeit und des Ehebruchs, natürliche und gesetzliche Ehehindernisse, eheliche Treue des Gatten und der Gattin, Würdigung der Gründe für und wieder die Ehescheidung, ꝛc. machen den an neuen Bemerkungen reichen Inhalt dieses Theils aus, mit illum. Kupf.   1 Rthl.

5tes Bändchen. Ueber den Beischlaf 2r Thl. In wel-

Wesen entstehende, karakterbildende und deren beiderseitige Kräfte zu einen schönen Ganzen einigende Verbindung; wie bereitet man sich eine solche glückliche Ehe? Aus diesem und andern interessanten Gesichtspunkten hat der Verfasser diesen Gegenstand dargestellt, mit illum. Kupf.   1 Rthl.

7tes und 8tes Bändchen. **Die Feier der Liebe, 2 Thle.** mit Kupf.   2 Rthl.

Die Nationalsitte, seine Empfindungen der Geliebten auszudrücken und ihren Reizen zu huldigen, ist hier in einer sehr interessanten Gallerie von Völkergemählden aufgestellt. Die hinzugefügten Aufsätze über den Trauring, das Bräutigamshemd, die Brautkrone, der Fackeltanz, geben einen befriedigenden Aufschluß über den Ursprung dieser Gebräuche mit Kupf.   2 Rthl.

9tes Bändchen. **Anmuth und Schönheit aus den Mysterien der Natur und Kunst für ledige und unverheirathete Frauenzimmer.** Worin besteht die Kunst Anmuth der Seele und Schönheit des Körpers zu gatten? Welches sind die besten Mittel gesund und schön zu bleiben, und besonders die Fehler der Haut zu rc. verbessern? Wie wird die Schönheit durch Kleidung erhöhet? Ueber diese und andere verwandten Gegenstände finden hier Leser und Leserinnen die gründlichste Belehrung, mit 4 meisterhaft gestochenen Kupf. illum.
  2 Rthl.

10tes Bändchen. **Die Begattung und Fortpflanzung organischer Wesen nach der Stufenleiter der Natur** m. illum. Kupf.   1 Rthl. 12 Gr.

Unter allen Scenen auf dem Schauplatze der mütterlichen Natur lockt unsere Neugierde nichts mehr an, reißt unsere ganze Bewunderung nichts mehr hin, als die sinn- und kunstreichen Scenen, die die zeugende Kraft in der organisirten Welt überall unsern Augen darstellt. Je weiter wir uns von dem erhabensten Glied der sichtbaren Schöpfung entfernen, desto mehr sehen wir den Kreis der Mittel sich erweitern, deren sich diese unbegreifliche Kraft bedient, auf dem mannichfaltigsten Wege, nach besondern Gesetzen, zu Einem Zweck zu gelangen, und, — ohne sich je bei dieser verschwendrischen Mannichfaltigkeit zu verirren, ihre große Aufgabe, die Fortdauer alles Lebendigen, wo nicht nach einem erklärbaren, doch obersten allgemeinen und eben daher für die Vernunft befriedigenden Princip; Aeonen hindurch auf das zweckmäßigste erfüllen. Indem wir uns

www.ingramcontent.com/pod-product-compliance
Lightning Source LLC
Chambersburg PA
CBHW020759230426
43666CB00007B/772